Vieţi împărtăşite

Manual de curs

*Un curs ce intenţionează să îi ajute pe creştini
să îşi împărtăşească viaţa cu musulmanii*

Bert de Ruiter

„Vieţi împărtăşite"
aparţine organizaţiei Operation Mobilization.
http://www.sharinglives.eu

© Bert de Ruiter, 2016

Informaţia bibliografică a fost publicată
de Biblioteca Naţională Germană (Deutsche Nationalbibliothek)
Deutsche Nationalbibliothek listează această publicaţie în Deutsche Nationalbibliografie. Datele bibliografice detaliate le puteţi găsi pe Internet la http://dnb.dnb.de.

ISBN 978-3-95776-211-5 (VTR)
ISBN 978-3-902669-30-8 (OM)

VTR Publications, Gogolstr. 33, 90475 Nürnberg, Germany
http://www.vtr-online.com

Date de contact:
Fundatia O.M. Romania
CP 17 OP 1 Ghimbav, BV 507075
info.ro@om.org
http://www.ro.om.org

Frontiers Romania
Str. Zizinului 4
Cluj Napoca
contact@frontiers.ro
http://www.frontiers.ro

Pasajele din Scriptură au fost luate din Biblia în limba Româna, versiunea Dumitru Cornilescu.

Introducere

În întreaga Europă, comunitățile creștine și cele musulmane trăiesc unele în vecinătatea celorlalte. Oamenii trec unii pe lângă alții pe stradă, așteaptă unii lângă alții în stația de autobuz sau sunt vecini de bloc, frecventează aceleași cursuri la școală și merg la aceleași cantine la servici, dar, în esență, sunt străini unii față de alții.

Ce anume îi împiedică pe creștini să își împărtășească viața cu musulmanii? Nu trebuie să zboare în cealaltă parte a lumii ca să întâlnească musulmani; este de ajuns să treacă strada. Dar ce anume îi împiedică să o facă? Oare lipsa informațiilor? Se pare că nu acesta este motivul. Există o sumedenie de cărți bune despre Islam, iar multe școli oferă seminarii și cursuri referitoare la Islam.

Între timp, Islamul este un subiect „fierbinte" în mass-media de astăzi. Mulți creștini vorbesc despre musulmani care ard biserici, îi persecută pe creștini, zboară cu avioanele în clădiri și iau ostatici în diferite părți ale lumii. Multă vreme, aceste evenimente se întâmplau undeva foarte departe de noi. Dar apoi, musulmanii au început să arunce în aer metrourile din Europa, iar un producător olandez de televiziune a fost ucis în Amsterdam de către un marocan. De asemenea, putem vedea că mulți musulmani par să se împotrivească adaptării la drepturile europene „creștine", pretinzând în schimb propriile lor drepturi.

Cercetările arată că frica este cel mai important factor care îi împiedică pe creștini să relaționeze cu musulmani.

Cursul **Vieți împărtășite** este conceput pentru a-i ajuta pe creștinii din Europa să-și învingă atitudinea negativă de frică, prejudecăți și suspiciune pe care le au față de Islam și față de musulmani și să învețe să răspundă cu har și să își împărtășească viața cu musulmanii.

Numele cursului este preluat din 1 Tesaloniceni 2:8, unde apostolul Pavel scrie: „*Astfel, în dragostea noastră fierbinte pentru voi, eram gata să vă dăm nu numai Evanghelia lui Dumnezeu, dar chiar și viața noastră, atât de scumpi ne ajunseserăți.*"

VIEȚI ÎMPĂRTĂȘITE   INTRODUCERE

Acest verset este un exemplu cu privire la ce înseamnă să fii un mărturisitor care Îl reprezintă pe Hristos, pentru care împărtășirea Evangheliei și a vieții merg mână în mână.

Principalul obiectiv al cursului **Vieți împărtășite** este de a-i ajuta pe creștini să își schimbe atitudinea față de Islam și față de musulmani, trecând de la frică la har, să îi încurajeze să aibă relații autentice cu musulmanii din vecinătatea lor, pentru a le putea împărtăși viețile și Evanghelia lui Isus Hristos.

Cursul intenționează să îi încurajeze pe creștini să își împărtășească viața cu musulmanii în cinci pași. Fiecare pas este abordat într-o lecție separată:

1) Concepția noastră despre Islam și musulmani
2) Cum să avem o atitudine plină de har
3) Cum să îi înțelegem pe musulmani
4) Întâlnirea cu musulmanii
5) Dezvoltarea unor relații de durată.

Pe lângă manualul pentru acest curs, mai oferim și un manual al instructorului și informații suplimentare ce pot fi folosite în timpul cursului (de ex. Prezentări power point și videoclipuri). Puteți găsi mai multe informații pe pagina de internet www.sharinglives.eu.

Dr. Bert de Ruiter
Amsterdam

LECȚIA 1   VIEȚI ÎMPĂRTĂȘITE

LECȚIA UNU:
CONCEPȚIA NOASTRĂ DESPRE ISLAM

Scop: Să le permită participanților să mediteze la propriile lor atitudini cu privire la Islam și la musulmani, în lumina Scripturii.

> **Activitate:**
>
> Luați foaia de lucru și răspundeți la următoarele întrebări:
>
> Ce cuvinte, imagini, ilustrații și gânduri vă vin în minte atunci când vă gândiți la Islam și la musulmani?
> Terminați următoarea propoziție:
> „Când vine vorba despre Islam, cred că peste 20 de ani..."
> Terminați următoarea propoziție:
> „Când vine vorba despre Islam, aș dori ca..."
> Discutați despre răspunsurile pe care le-a dat fiecare participant.

1   Chemarea lui Dumnezeu

În Matei 28:18-20, citim următoarele cuvinte ale Domnului Isus Hristos cel înălțat către ucenicii Săi:

„Toată puterea Mi-a fost dată în cer și pe pământ. Duceți-vă și faceți ucenici din toate neamurile, botezându-i în Numele Tatălui și al Fiului și al Sfântului Duh. Și învățați-i să păzească tot ce v-am poruncit. Și iată că Eu sunt cu voi în toate zilele, până la sfârșitul veacului."

Marea Trimitere este relevantă și în ziua de azi. Domnul Isus Hristos încă vrea ca toți oamenii de pe pământ să devină ucenicii Săi. Inclusiv musulmanii din țara noastră, din orașul și din cartierul nostru. Domnul Bisericii îi cheamă pe membrii bisericii să facă ucenici din toți oamenii.

VIEȚI ÎMPĂRTĂȘITE LECȚIA 1

De-a lungul veacurilor, El Și-a folosit oamenii Săi ca să-i atragă pe alții la El. Dar câteodată a trebuit să aibă de a face cu lucrători care nu au dorit acest lucru, așa cum vedem în viața lui Iona.

2 Răspunsul lui Iona la chemarea lui Dumnezeu

"Cuvântul Domnului a vorbit lui Iona, fiul lui Amitai, astfel: Scoală-te, du-te la Ninive, cetatea cea mare, și strigă împotriva ei. Căci răutatea ei s-a suit până la Mine! Și Iona s-a sculat să fugă la Tars, departe de fața Domnului." (Iona 1:1-3)

În cartea Iona, vedem mila pe care o are Dumnezeu față de lume, chiar și față de dușmanii lui Israel. Dumnezeu îi cunoștea pe oamenii din Ninive și ce făcuseră aceștia. Meritau judecata și pedeapsa Lui pentru păcatele lor. Dar în loc să îi pedepsească pe loc, a dorit să le dea ocazia să se pocăiască, ca să îi poată ierta. Lui Dumnezeu Îi place mai mult să ierte, decât să pedepsească. Adesea, vedem că Dumnezeu vrea să Își folosească copiii pentru a-Și îndeplini scopurile cu lumea aceasta.

La fel, în această istorisire, Dumnezeu vrea să îl folosească pe Iona ca să îndeplinească scopurile Sale pentru Ninive. Dar mai vedem și că Iona nu a vrut să îndeplinească această sarcină.

Pentru ca noi să înțelegem ce însemna chemarea pe care Dumnezeu i-a făcut-o lui Iona, ne-ar ajuta să aflăm mai multe despre Ninive.

a Contextul Asiriei și al cetății Ninive

În Geneza 10:8-11, citim că Ninive a fost construită de către Nimrod, unul dintre primii războinici puternici de pe pământ. În zilele lui Iona, Ninive era capitala Imperiului Asirian. Asiria a fost un regat ce se întindea între râurile Tigru și Eufrat, un regat ce a dominat lumea antică din secolul al nouălea până în secolul al șaptelea înainte de Hristos. Imperiul a fost una dintre cele mai puternice mașinării de luptă ale lumii antice și una dintre civilizațiile cele mai sângeroase și mai crude cunoscute vreodată. Teroarea era un factor care contribuia mult la succesul Imperiului Asirian.

LECȚIA 1 — VIEȚI ÎMPĂRTĂȘITE

Aveau o politică a terorii calculată, posibil cel mai timpuriu exemplu de război psihologic organizat. Nu era un lucru neobișnuit pentru ei să ucidă fiecare bărbat, femeie și copil din orașele capturate. Asiria a ajuns renumită pentru cruzimea și atrocitatea sa. Își jupuiau prizonierii de vii și le tăiau anumite părți ale corpului pentru a inspira teroare dușmanilor lor.

Pe monumente și în analele istoriei lor, se laudă cu cât de înalte erau piramidele pe care le construiau din capetele celor pe care îi cucereau și cum ardeau orașele, trăgeau în țeapă oameni, le tăiau mâinile, le jupuiau trupurile și multe altele. Unul dintre monumentele antice descoperite între ruinele Asiriei antice poartă inscripția regelui Asshurizirpal (a cărui domnie a început în 883 înainte de Hristos) cu privire la o cetate cucerită:

„Am luat prizonieri pe tinerii și bătrânii lor. Unora le-am tăiat mâinile și picioarele; altora le-am tăiat nasurile, urechile și buzele; am făcut o grămadă din urechile tinerilor; din capetele bătrânilor am făcut un minaret." Hawlinson's „Cinci Monarhii Grandioase" vol. 2, p85, notă.

Politica asiriană era să deporteze populațiile cucerite în alte teritorii ale imperiului, să le distrugă sentimentul de naționalism, să frângă orice mândrie sau speranță de răzvrătire și să aducă în locul lor străini de pe meleaguri îndepărtate.

Au făcut acest lucru și cu Regatul de Nord al Israelului în anul 722 înainte de Hristos. În 2 Împărați 17:24 citim:

„Împăratul Asiriei a adus oameni din Babilon, din Cuta, din Ava, din Hamat și din Sefarvaim și i-a așezat în cetățile Samariei în locul copiilor lui Israel."

Acești oameni au ajuns să fie numiți *samariteni*.

În Naum 3:1-4 – o întâmplare care a avut loc la 150 de ani după Iona, citim următoarea descriere a cetății Ninive:

„...cetatea vărsătoare de sânge, plină de minciună, plină de sâlnicie și care nu încetează să se dedea la răpire..."

Textul vorbește și despre vrăjitoria și farmecele din cetate. Închinarea la idoli a asirienilor a fost condamnată vehement de mai mulți dintre profeții Vechiului Testament (Isaia 10:5; Ezechiel 16:28; Osea 8,9).

În acest context, nu este greu de înțeles de ce majoritatea oamenilor din Israel îi priveau pe asirieni cu o ură adâncă, suspiciune și frică. Începem de asemenea să înțelegem împotrivirea lui Iona de a merge la acești oameni.

> **Subiecte de discuție:**
>
> Încercați să vă puneți în locul lui Iona. Cum ați fi răspuns chemării lui Dumnezeu?
> Suferim și astăzi de „sindromul lui Iona"? Dacă da, în cel fel?

3   Islamul: Ninivele nostru?

Mult temutul Imperiu Asirian nu mai este. Faimoasa cetate Ninive e doar un sătuc din Irakul zilelor noastre. Alte puteri și autorități, orașe și popoare i-au luat locul. Pentru mulți creștini din Europa, o „Ninive" contemporană pentru ei este Islamul. Ei văd agresiunea extremiștilor musulmani, îi aud pe liderii spirituali ai Islamului spunând lucruri care îi umplu de teamă și îi privesc cu suspiciune pe mulții musulmani ce vin să locuiască în țările noastre. Unul dintre cele mai mari obstacole care îi împiedică pe creștini să își împărtășească viața cu musulmanii este propria lor atitudine.

Atitudinea multor creștini din Europa față de Islam și față de musulmani este una de frică, prejudecată și suspiciune.

4   Cum să ne înfruntăm frica de Islam

Frica este un element și un instinct de bază al naturii noastre umane. Este o emoție pe care Dumnezeu a creat-o. Frica poate funcționa ca un avertisment atunci când se apropie pericolul. O frică sănătoasă ne protejează de pericole reale. Nu orice frică este păcătoasă; de exemplu, lui Isus I-a fost frică în grădina Ghetsimani. Totuși, nu tot ceea ce percem a fi pericol este într-adevăr pericol.

LECȚIA 1 — VIEȚI ÎMPĂRTĂȘITE

Un acronim adesea folosit pentru frică este:

> **F**alsă
> **E**vidență ce (dovadă)
> **A**pare ca (pare)
> **R**eală

(FEAR=FRICĂ în limba engleză)

Toate tipurile de frică se bazează pe percepții. Deși majoritatea lucrurilor de care ne temem nu devin niciodată realitate, falsa evidență este uneori foarte convingătoare!

Frica distorsionează adesea modul în care percepem realitatea. Frica distorsionează modul în care ne percepem pe noi înșine, astfel încât părem mai slabi decât suntem în realitate. Distorsionează mărimea problemelor noastre sau puterea celor pe care îi credem dușmanii noștri, astfel încât aceștia par uriași și de neînvins. Dar probabil cel mai important, frica distorsionează imaginea pe care o avem despre Dumnezeu. Dumnezeu pare slab, neimplicat sau nepăsător în mijlocul tuturor necazurilor.

Diferența dintre o frică legitimă față de o lume periculoasă și o frică ce ne face prozonieri și chiar Îl insultă pe Dumnezeu are de-a face cu următoarele întrebări: *ce* sau *de cine* ne este frică și către ce ne împinge acea frică? Ne împinge să ne protejăm sau ne împinge spre Dumnezeu, Protectorul nostru? Proverbe 29:25 ne spune că „Frica de oameni este o cursă, dar cel ce se încrede în Domnul n-are de ce să se teamă."

Frica poate deveni o armă a lui Satan, care folosește instinctul nostru de frică pentru a ne împiedica să devenim și să facem ceea ce vrea Dumnezeu. Porunca „nu te teme" este una dintre cele mai repetate porunci din întreaga Scriptură. Ea ne spune că frica și anxietatea nu sunt numai unele dintre cele mai obișnuite trăsături ale condiției umane, dar și emoții și reacții în fața vieții, care sunt cel mai puțin justificate pentru un ucenic al lui Isus.

VIEȚI ÎMPĂRTĂȘITE   LECȚIA 1

David descrie acest frumos paradox, atunci când scrie:

„Ori de câte ori mă tem, eu mă încred în Tine. Eu mă voi lăuda cu Dumnezeu, cu Cuvântul Lui. Mă încred în Dumnezeu și nu mă tem de nimic: ce pot să-mi facă niște oameni?" (Psalmul 56:3, 4)

Un mod prin care facem față fricii este să învățăm mai multe despre ceea ce cauzează frica.

În contextul acestui curs, atunci când vorbim despre frica pe care o avem față de Islam, este bine să învățăm mai multe despre modul în care-și practică musulmanii credința și cum interpretează Coranul, precum și despre modul în care Islamul ia amploare în Europa. Ne vom uita la aceste lucruri mai în detaliu în lecția 3 din acest curs.

Un alt pas important pentru a face față fricii este să o luăm în serios:

„Atunci când vederea noastră este încețoșată de efectele fricii, cum ne căpătăm luciditatea și simțul orientării înapoi? Cum ne recăpătăm simțul realității, atunci când amenințările par atât de reale, iar pericolele atât de aproape? Răspunsul se reduce la a simți frica. Dacă îți eviți frica, aceasta va deveni întunecată și distrugătoare. În schimb, permite-i să te urmărească fără a încerca să o îndepărtezi recitând platitudini pioase sau încercând să faci alte lucruri care să-ți distragă atenția de la frică. Atunci când îți înfrunți frica, îți expui inima. Frica aduce claritate prin faptul că ne arată pe cine (și ce anume) slujim. Ea poate fi clasificată în două categorii: frica de lume și frica de Dumnezeu."[1]

Majoritatea temerilor noastre iau naștere din pretenția noastră de a obține un anumit grad de plăcere, faimă, sens, siguranță și bucurie într-o lume care cel mai adesea ne oferă durere, rușine, haos și suferință. Frica de lume este un alt mod de a descrie frica față de ce ar putea să ne facă viața sau alții.

---

[1] Dan. B. Allender & Tremper Longman III, *Strigătul sufletului, modul în care emoțiile noastre scot la iveală cele mai profunde întrebări cu privire la Dumnezeu* (Colorado Springs: NavPress, 1994), 99.

LECȚIA 1   VIEȚI ÎMPĂRTĂȘITE

Un alt mod de a face față fricii din viețile noastre este să punem ceea ce ne cauzează frică față în față cu o altă realitate. În calitate de creștini, această realitate este Dumnezeul nostru, Creatorul nostru și, în Hristos Isus, Tatăl nostru. Unul dintre modurile prin care putem învinge frica de oameni și de circumstanțe este să devenim mai conștienți de cine este Dumnezeu.

Acesta este unul dintre mesajele din Isaia 40-54, care vorbește despre un moment din istoria poporului lui Dumnezeu care ar putea fi o paralelă pentru vremea noastră.

5   Contextul din Isaia 40-54

Profetul Isaia a profețit despre o vreme care s-a dovedit a fi una dintre cele mai întunecate perioade ale poporului Israel. Regatul de Nord (10 triburi) a fost deportat în Asiria, iar Regatul de Sud (2 triburi) urma să treacă prin același lucru, și anume să fie capturat de o altă putere mondială: Babilonul.

În Isaia, capitolele 40 până la 54, găsim cuvintele spuse de Dumnezeu poporului Său în timpul unei perioade dificile din istoria sa. Poporul era în exil, iar templul și orașul cel sfânt al Ierusalimului fuseseră distruse. Poporul fusese răspândit printre neamuri străine. Alți regi și alte puteri, alte imperii și alți dumnezei îi cuceriseră.

Departe erau zilele de glorie din trecut. Rămași fără templu, fără țară, fără identitate, oamenii erau descurajați, demoralizați și credeau că Dumnezeu îi părăsise. Și-au spus unii altora:

„Soarta mea este ascunsă dinaintea Domnului, și dreptul meu este trecut cu vederea înaintea Dumnezeului meu"? (Isaia 40:27)

și:

„M-a părăsit Domnul și m-a uitat Domnul!" (Isaia 49:14).

Zilele glorioase ale lui David și Solomon luaseră sfârșit. Israelul nu mai era un regat independent. Și-au imaginat că atâta vreme cât va exista templul din Ierusalim, ei vor fi în siguranță, dar acum templul era dis-

VIEȚI ÎMPĂRTĂȘITE   LECȚIA 1

trus. Poporul este descris ca *„un popor prădat și jefuit! Toți zac înlănțuiți în peșteri și înfundați în temnițe. Sunt lăsați de pradă, și nimeni nu-i scapă! Jefuiți, și nimeni nu zice: ,Dă înapoi!'"*. (Isaia 42:22; ref. 49:19-21)

Poporul era dezamăgit de Dumnezeu, crezând că Dumnezeu nu vede, nu știe și nu-I pasă. Treptat, oamenii au ajuns convinși că Dumnezeu nu putea să facă nimic cu privire la situația lor. Nu mai așteptau nimic de la Dumnezeu. Nu mai cântau despre zilele demult apuse. Psalmul 137 le exprima sentimentele din acele vremuri.

„Pe malurile râurilor Babilonului, ședeam jos și plângeam când ne aduceam aminte de Sion. În sălciile din ținutul acela ne atârnaserăm harpele. Căci acolo, biruitorii noștri ne cereau cântări și asupritorii noștri ne cereau bucurie zicând: ,Cântați-ne câteva din cântările Sionului!' Cum să cântăm noi cântările Domnului pe un pământ străin?" (Ps.137:1-4).

Poporul era convins că puterea lui Dumnezeu se limita între granițele Țării Promise.

Erau descurajați, deprimați, nesiguri și speriați.

Pentru această perioadă întunecată din istoria Israelului, a fost chemat de Dumnezeu profetul Isaia să îi aline (Isaia 40:1) și, făcând acest lucru, el le spune mereu „să nu se teamă" (ex. 40:9, 41:10, 13, 14; 43:1,5; 44:2, 8, 51:7, 12; 54:4, 14).

Dumnezeu vrea să-i ajute pe copiii Săi să-și învingă frica, întorcându-le privirea spre El:

„...nu te teme, și spune ... Iată Dumnezeul vostru." (Isaia 40:9).

Dumnezeu Își mângâie poporul înspăimântat revelându-Se și mai mult pe Sine Însuși:

„Eu, Eu vă mângâi. Dar cine ești tu, ca să te temi ... și să uiți pe Domnul, care te-a făcut? ... De ce să tremuri necontenit toată ziua..." (Isaia 51:12, 13).

LECȚIA 1   VIEȚI ÎMPĂRTĂȘITE

Din această porțiune din Biblie care începe cu cuvintele: „*Mângâiați, mângâiați pe poporul Meu, zice Dumnezeul vostru.*" (40:1) și se sfârșește cu „*Orice armă făurită împotriva ta va fi fără putere; și pe orice limbă care se va ridica la judecată împotriva ta o vei osândi. Aceasta este moștenirea robilor Domnului, așa este mântuirea care le vine de la Mine, zice Domnul...*" (54:17) putem învăța cinci aspecte referitoare la Dumnezeu care ne pot ajuta să înfruntăm frica pe care o avem față de Islam:

A   Dumnezeu promite să fie cu noi – orice-ar fi

„*Nu te teme căci Eu sunt cu tine.*" (Isaia 43:5) (ref. Isaia. 41:10)

Unul dintre motivele pentru care oamenii lui Dumnezeu nu trebuie să se teamă, indiferent de circumstanțele în care ne aflăm, este acela că Dumnezeu a promis că va fi cu noi. Dumnezeu va fi cu noi (41:10, 43:5), El nu ne va părăsi (Isaia 41:17; 42:16) și nu ne va uita (44:21; 49:15).

Aceasta nu reprezintă o garanție pentru o viață lipsită de necazuri. S-ar putea să vină necazuri și dificultăți, dar nimic nu ne poate face rău cu adevărat. „*Nu te teme ... dacă vei trece prin ape, Eu voi fi cu tine.*" (Isaia 43:2). Prezența lui Dumnezeu ne mângâie în circumstanțele înfricoșătoare.

B   Planul lui Dumnezeu izbutește – orice-ar fi

„*Eu am vestit de la început ce are să se întâmple și cu mult înainte ce nu este încă împlinit. Eu zic: „Hotărârile Mele vor rămâne în picioare și Îmi voi aduce la îndeplinire toată voia Mea ... Eu am spus și Eu voi împlini; Eu am plănuit și Eu voi înfăptui.*" (Isaia 46:10, 11)

În dorința Sa de a-Și mângâia poporul și de a-l ajuta să-și învingă frica, Dumnezeu vrea ca noi să ne concentrăm pe cine este El:

B.1   El este Creatorul Suveran

„*Eu, Eu vă mângâi. Dar cine ești tu, ca să te temi de omul cel muritor, și de fiul omului, care trece ca iarba, și să uiți pe Domnul, care te-a fă-*

VIEȚI ÎMPĂRTĂȘITE — LECȚIA 1

cut, care a întins cerurile și a întemeiat pământul? De ce să tremuri necontenit toată ziua, înaintea mâniei asupritorului?" (Isaia 51:12, 13)

În vremuri de groază, când furtuna vuiește în jurul nostru, când fundamentele vieții noastre par să se prăbușească sub noi, Dumnezeu vrea să ne amintim că El este Creatorul nostru Suveran. Dumnezeul nostru este singurul Creator al tuturor lucrurilor (44:24; 48:13; 51:16). El cântărește și măsoară (40:12) cerurile și pământul, apele și munții (40:12), pădurile și animalele (40:16), stelele și planetele (40:26) precum și națiunile și insulele (40:15). Conducătorii și toți oamenii de pe pământ își datorează existența veșnicului Dumnezeu, Creatorul marginilor pământului (40:28).

Creatorul Suveran este Acela care dă suflare oamenilor și viață tuturor celor care populează planeta Pământ (42:5).

El a creat cerurile și pământul cu un scop (45:18). El este Creatorul Suveran, care nu are nevoie de ajutor de la nimeni (40:13, 14; 44:24). Putem să ne încredem în puterea Lui, înțelepciunea și scopurile Sale, chiar dacă nu le înțelegem întotdeauna.

Oamenii și puterile care ni se par nouă impresionante și care ne provoacă teamă sunt ca o picătură într-o găleată (40:15) sau ca niște lăcuste (40:22), sau ca lutul (45:9) în mâna Creatorului Suveran.

B.2 El este Judecătorul întregului pământ

„Tăceți, ostroave, și ascultați-Mă! Să-și învioreze popoarele puterea, să înainteze și să vorbească! Să ne apropiem și să ne judecăm împreună." (Isaia 41:1)

Dumnezeu cheamă națiunile și idolii acestora să-și susțină cazul, să-și prezinte argumentele (Isaia 41:19-25) și să-și aducă martori (43:9-21), să se strângă laolaltă (45:20). Isaia ne oferă o imagine a Dumnezeului nostru cel drept care cheamă toate națiunile, toate popoarele să-și adune puterea și să vină înaintea Lui la judecată. Dumnezeu este Cel care judecă pământul. El cheamă toate națiunile să dea socoteală pentru viețile lor, pentru religiile lor și pentru gândurile lor. Acestea vin în

LECȚIA 1   VIEȚI ÎMPĂRTĂȘITE

sala Lui de judecată. El este Judecătorul tuturor și, la vremea potrivită, va da o sentință fiecărei persoane.

El este dedicat dreptății și neprihănirii. Dreptatea Sa va fi o lumină pentru toate națiunile (51:5), brațul Său va face dreptate neamurilor (51:5), iar neprihănirea Sa nu va pieri niciodată (51:6). Chiar dacă nedreptatea și nelegiuirile par să domnească acum, Dumnezeu, Judecătorul întregului pământ, va pune lucrurile în ordine la vremea hotărâtă de El și va veni o vreme când orice genunchi se va pleca înainte Sa și orice limbă va mărturisi că El este Domn (45:23).

Siguranța judecății lui Dumnezeu la sfârșitul vremurilor ne ajută să nu luăm frâiele în propriile noastre mâini în viața aceasta.

B.3   El este Domnul domnilor

„Cine a ridicat de la răsărit pe acela pe care, în neprihănirea Lui, îl cheamă să calce pe urmele Lui? Cine îi supune neamuri și împărați? Cine le face sabia praf, și arcul, o pleavă luată de vânt?" (Isaia 41:2, 3).

Dumnezeu îi smerește și îi reduce la nimic pe prinții și conducătorii care par atât de impresionanți și care acum fac atât de multe rele (40:23). El Se folosește de liderii politici care cred că își pot duce la îndeplinire propriile lor planuri, pentru a-Și îndeplini planurile Sale eterne. (41:25; 44:28; 45:1-13).

Pasajele din Isaia se referă în primul rând la Cir, regele Persiei, pe care Dumnezeu îl numește „păstorul meu", care va face tot ceea ce dorește Dumnezeu (44:28), și *unsul meu* (45:1).

Imaginea pe care o avem este una în care Dumnezeu ridică un rege și îl ajută să cucerească și să elibereze națiuni înaintea Sa. Dumnezeu este Domn al tuturor domnitorilor din istorie. El controlează tot ceea ce fac oamenii și națiunile, pentru a-Și îndeplini propriile Sale scopuri. Dumnezeu va pune capăt tuturor imperiilor nelegiuite ale acestei lumi (ex. Babilonul de pe vremea lui Isaia); în ciuda faptului că ele cred că puterea lor va rămâne pentru totdeauna (47:7). În suveranitatea Sa, Dumnezeu a folosit națiunile străine pentru a pedepsi Israelul. (47:6).

VIEŢI ÎMPĂRTĂŞITE   LECŢIA 1

B.4 El este Cel dintâi şi Cel de pe urmă

„Cine a făcut şi a împlinit aceste lucruri? Acela care a chemat neamurile de la început, Eu, Domnul, Cel Dintâi şi Acelaşi până în cele din urmă veacuri." (Isaia. 41:4; comparaţi cu 43:10; 44:6; 48:12)

Dumnezeu deţine controlul istoriei umane. Dumnezeu este Cel dintâi – El este realitatea absolută care are întâietate faţă de toate celelalte realităţi şi de care depind toate celelalte realităţi. El este Cel dintâi necreat. El este etern (40:28). Şi va exista până la final, când totul se va împlini conform planurilor sale eterne. El ştie sfârşitul de la început (44:7; 46:10; 48:3). El cunoaşte viitorul (45:11).

Istoria umană nu este doar o combinaţie de evenimente necontrolate, care au loc la întâmplare, fără sens, ci există un Dumnezeu în cer care duce evenimentele la îndeplinire.

Aceasta înseamnă că neapărat *există* un plan pe care Dumnezeu îl are cu istoria omenirii, iar El direcţionează evenimentele omenirii către finalul plănuit de El.

Dacă Dumnezeu este atât începutul, cât şi sfârşitul, atunci El are şi autoritate asupra tuturor lucrurilor care au loc între timp, El este Cel care direcţionează toată istoria omenirii şi chiar vieţile noastre ale fiecăruia.

Faptul că Dumnezeu Se numeşte pe Sine Însuşi *Cel dintâi* şi *Cel de pe urmă* se referă şi la ideea că El este singura putere reală, singura autoritate reală, Realitatea Absolută, Singurul Mântuitor: *Eu, Eu sunt Domnul, şi afară de Mine nu este niciun mântuitor!* (43:11, de asemenea 44:8; 44:24; 45:5, 6, 18, 21, 22; 46:9, 10).

Isus primeşte Acelaşi titlu de *Cel dintâi* şi *Cel de pe urmă* în Apocalipsa 1:17 şi 22:13.

> **Subiecte de discutat:**
>
> • **Dumnezeu este Domnul suveran al istoriei. Ce ne învaţă acest lucru cu privire la apariţia Islamului în secolul al VI-lea după Hristos?**

LECȚIA 1   VIEȚI ÎMPĂRTĂȘITE

- În lumina suveranității lui Dumnezeu, cum ar trebui să îi privim pe fundamentaliștii musulmani, Talibanii sau gruparea Al-Qaeda? Oare acești oameni și aceste grupuri pot fi folosite de Dumnezeu pentru a-Și împlini scopurile? Dacă da, care ar putea fi aceste scopuri?
- Care este relația dintre suveranitatea lui Dumnezeu și sosirea a milioane de musulmani în Europa? Când discutați acest lucru, uitați-vă la ceea ce a spus apostolul Pavel: „El a făcut ca toți oamenii ... să locuiască pe toată fața pământului; ca ei să caute pe Dumnezeu și să se silească să-L găsească" (Fapte 17:26-27).

C   Dumnezeu este dedicat față de poporul Său – orice-ar fi

„Dar tu, Israele, robul Meu, Iacove, pe care te-am ales, sămânța lui Avraam, prietenul Meu, tu, pe care te-am luat de la marginile pământului și pe care te-am chemat dintr-o țară depărtată, căruia ți-am zis: „Tu ești robul Meu, te aleg, și nu te lepăd!." (Isaia 41:8, 9)

Acum, așa vorbește Domnul care te-a făcut, Iacove, și Cel ce te-a întocmit, Israele! „Nu te teme de nimic, căci Eu te izbăvesc, te chem pe nume: ești al Meu." (43:1)

În perioada în care Isaia a proorocit, poporul lui Dumnezeu credea că pentru ei totul s-a terminat. Alte puteri păreau mult mai tari, în timp ce propriul său viitor părea întunecat. În vremea noastră, mulți creștini europeni se tem că Islamul va deveni majoritar și că biserica din Europa va dispărea. Mulți văd biserici transformate în moschei și observă că influența Creștinismului în societate scade. În acest context, cuvintele lui Isaia sunt încă relevante. Isaia îi spune poporului lui Dumnezeu din vremea sa și, indirect, creștinilor din secolul al XXI-lea din Europa, că sunt prețioși în ochii Săi (43:4); că sunt săpați în palmele Sale (49:16).

Lui Dumnezeu nu Îi este rușine să Se numească Dumnezeul lor (40:1, 43:3), Salvatorul lor (43:3), Răscumpărătorul (43:14) și Regele lor (43:15). Și-a legat reputația Sa de a lor (48:11; 43:7). El îi protejează în

Manual de curs   VIEȚI ÎMPĂRTĂȘITE

VIEȚI ÎMPĂRTĂȘITE   LECȚIA 1

vremuri de pericol (43:2; 54:17); El îi conduce ca un păstor (40:11); El le oferă ajutorul Său (40:3, 14); El îi întărește (41:10). El îi mângâie (40:1; 51:12); El le promite un viitor strălucit (42:14-16; 43:5, 6).

D   Scopurile lui Dumnezeu pentru slujitorii Săi duce la cruce – orice-ar fi

Promisiunea lui Dumnezeu că va fi cu noi, suveranitatea și legământul pe care l-a făcut cu noi nu înseamnă că poporul său nu va trece prin vremuri grele, persecuție sau suferințe.
Dimpotrivă, în această parte din Isaia ni se spune că suferința nu poate fi separată de îndeplinirea planurilor eterne ale lui Dumnezeu. În aceste capitole din Isaia, găsim patru *Cântări ale Slujitorului* (42:1-9; 49:1-6, 50:4-9, 52:13-53:12). Fiecare pasaj vorbește despre modelul Slujitorului căruia Domnul îi dă o misiune. Marea lucrare a Domnului pentru Israel și pentru întreaga lume, despre care se vorbește în Isaia, este îndeplinită prin lucrarea acestui personaj. Caracterul și misiunea acestui Slujitor al Domnului sunt împlinite de către Isus. Slujitorul Domnului apare ca un personaj care aduce poporul înapoi din robie, o întoarcere ce se dovedește a fi nu numai una geografică, ci și una spirituală. Prin intermediul acestui Slujitor se vor împlini Scopurile lui Dumnezeu. Nu este lipsit de importanță faptul că trei din cele patru cântări ale Slujitorului vorbesc despre suferință. În cea de-a doua (49:4, 7) și cea de-a treia (50:6) nu este atât de evident, dar în cea de-a patra suferința joacă un rol important. Dacă Slujitorul Domnului nu a putut evita suferința în drumul Său spre slavă și spre împlinirea scopurilor lui Dumnezeu, se pare că durerea, suferința și persecuția sunt normale dacă vrem să-L urmăm pe Isus. Această dragoste jertfitoare a lui Isus pentru poporul Său este un model pentru relațiile noastre cu musulmanii.

6   Frica de Domnul învinge teama

„Cine dintre voi se teme de Domnul să asculte glasul Robului Său! Cine umblă în întuneric și n-are lumină să se încreadă în Numele Domnului și să se bizuie pe Dumnezeul lui!" (Isaia 50:10)

LECȚIA 1   VIEȚI ÎMPĂRTĂȘITE

În această parte din Biblie în care Domnul Își mângâie poporul înspăimântat, atrăgându-le privirea înspre Sine, El le spune de mai mult de zece ori *să nu se teamă*. Suntem încurajați să nu ne temem de oameni, stăpânitori, situații, viitorul nostru, când ni se fac nedreptăți etc. Dar găsim și o încurajare în a ne teme, și anume *să ne temem de Domnul*. Temerile mari fac temerile mici să dispară. Dumnezeu este Acela de care ar trebui să ne temem cel mai mult. Expresia *frica de Domnul* se referă la o atitudine de respect, încredere, supunere și ascultare. Teama de Domnul înseamnă să fim conștienți în permanență de prezența Sa.

„Când începem să ne temem de altceva mai mult decât de Dumnezeu și devenim confuzi, atunci dăm de necaz. Atunci când ne temem de altceva, uităm să ne temem de Dumnezeu … În prezența lui Dumnezeu, toate fricile oamenilor dispar ca fumul împrăștiat de vânt … Frica de Dumnezeu nu ne îndepărtează de Dumnezeu, ci ne apropie de El. Numai atunci când frica de Dumnezeu este mai mare decât frica de lume putem să facem față cu adevărat și eficient temerilor din lume."[2]

Cu cât ne temem mai mult de Dumnezeu, cu atât ne temem mai puțin de oameni și circumstanțe. Frica de Domnul ne ajută să ne învingem frica de oameni, după cum spune și David în Psalmul 112:

„Ferice de omul care se teme de Domnul … El nu se teme de vești rele, ci inima lui este tare, încrezătoare în Domnul." (Ps. 112:1, 7)

Temă

Principala temă de făcut pentru lecția aceasta și ca pregătire pentru lecția următoare este: RUGĂCIUNEA. În special rugăciunea pentru schimbare. Schimbare în lumea islamică în general și mai ales o schimbare în inimile noastre în relațiile cu musulmanii. Vrem să vă încurajăm să vă rugați zilnic pentru musulmani. Pot fi musulmani care

---

[2] Allender and Tremper Longman III, 102,103.

VIEȚI ÎMPĂRTĂȘITE   LECȚIA 1

apar la știri, sau oameni despre care ați auzit, sau pe care îi cunoașteți personal. Rugați-vă ca Dumnezeu să-i facă ucenici ai Săi.

1. Examinați-vă viața (rugați-L pe Dumnezeu să vă ajute să vedeți punctele moarte): există părți în viața ta în care frica de oameni sau de circumstanțe e mai mare decât frica de Dumnezeu? Cum poți aplica lecția din Isaia 40-55, în această situație?
2. Am dori de asemenea să vă încurajăm să vă examinați atitudinea pe care o aveți față de Islam și musulmani atunci când vă rugați. Pentru a face acest lucru cât mai practic posibil, vă sugerăm să luați hârtia pe care ați folosit-o la începutul lecției acesteia, pe care v-ați trecut gândurile și imaginile referitoare la Islam și la musulmani și la felul cum credeți că va arăta sau cum ați dori să arate Islamul în următorii 20 de ani.

> **Folosiți ce ați scris pe această hârtie atunci când vă rugați până la lecția următoare, reflectând la următorii Psalmi:**
>
> Ziua 1: Psalmul 137
> Ziua 2: Psalmul 109
> Ziua 3: Psalmul 55
> Ziua 4: Psalmul 69
> Ziua 5: Psalmul 56
> Ziua 6: Psalmul 27
> Ziua 7: Psalmul 91.
>
> *Pentru fiecare Psalm, răspundeți la întrebarea: ce lecție din acest Psalm pot eu să aplic atitudinilor mele și imaginii pe care o am față de musulmani și Islam?*

Unii dintre acești Psalmi sunt numiți *Psalmi imprecatori*, în care autorul Îi cere lui Dumnezeu să-i pedepsească pe dușmanii săi. Multor creștini le este greu să împace acești Psalmi cu dragostea lui Dumnezeu și porunca Lui de a ne iubi vrăjmașii. Dar aceasta nu este o contradicție. Când ne rugăm folosind acești Psalmi, noi recunoaștem adevărul din Romani 12:17-19 (care citează Deuteronom 32:35) și anume

LECȚIA 1 — VIEȚI ÎMPĂRTĂȘITE

„Nu întoarceți nimănui rău pentru rău. Urmăriți ce este bine, înaintea tuturor oamenilor. Dacă este cu putință, întrucât atârnă de voi, trăiți în pace cu toți oamenii. Nu vă răzbunați singuri; ci lăsați să se răzbune mânia lui Dumnezeu; căci este scris: ,Răzbunarea este a Mea; Eu voi răsplăti', zice Domnul."

Acești Psalmi ne învață că în interacțiunea cu Tatăl nostru ceresc, putem să ne exprimăm emoțiile, chiar și pe cele negative. Atunci când aducem mânia noastră, frica, anxietatea, prejudecățile noastre înaintea unui Dumnezeu iubitor, plin de milă, sfânt și drept, sentimentele noastre negative se pot odihni în prezența Sa, iar El ne poate învăța ce înseamnă să fii plin de milă și iertare, la fel ca El.

Psalmul 137

Acest Psalm exprimă sentimentele post-traumatice ale poporului lui Dumnezeu, exilat în Babilon. Au experimentat violențe teribile, au fost alungați din casele lor și forțați să trăiască sub un regim străin. Poporul acesta e plin de durere și disperare. Vrea să știe ce va face Dumnezeu cu privire la această situație. Vor dreptate și răzbunare.

> „Dacă îndrăznim să exprimăm o dorință de răzbunare în contextul închinării înaintea unui Dumnezeu care este dragoste, putem ajunge la realizarea agonizantă că *zdrobirea de stâncă* a oricărui copilaș e ceva insuportabil."[3]

Psalmul 109

În acest Psalm ascultăm vocea lui David, care era plin de mânie cu privire la un atac nedrept. David era mânios. El își dorește răzbunare – o plată pentru toată familia celui care-i făcuse rău. Vrea să le întoarcă răul celor care prin atacul lor i-au provocat agonie. Meditați la locul pe care îl ocupă mânia în viața unui creștin.

---

[3] Ida Glaser: ,We Sat Down and Wept': Biblical Babylon and Israel as Resources for Conflict Situations, *The Round Table*, Vol. 94, No. 382, 641-651, Octombrie 2005.

Psalmul 55

În acest Psalm, David își exprimă marea sa neliniște și frică. Pericolul cu care se confruntă pune stăpânire pe mintea sa învăluindu-l într-o furie atât de obsesivă, încât nu se poate gândi la altceva. Un prieten apropiat i-a încălcat încrederea lui David și l-a rănit profund. David dorește să fugă departe de pericol. Dar după cum vedem în partea finală a acestui psalm, el nu fuge în pustie, ci la Dumnezeu. David știe că Dumnezeu va răspunde temerilor sale prin prezența Sa divină.

Psalmul 69

În Psalmi, întâlnim bunătatea divină în mijlocul durerii. Psalmul 69 oferă un exemplu bun de tranziție de la suferință, frică și mânie, la slavă și odihnă. Deoarece privirea lui David se mută de la suferință la Dumnezeu, la sfârșit observăm o schimbare dramatică a stării de spirit – de la durere, la bucurie. (versetele 30-36).

Psalmul 56

Acesta este un alt Psalm în care David își aduce temerile înaintea Domnului. Psalmul exprimă un paradox: „Ori de câte ori mă tem, eu mă încred în Tine ... Mă încred în Dumnezeu și nu mă tem de nimic." Recunoașteți acest paradox în viețile voastre?

Psalmul 27

În acest Psalm, David recunoaște că Dumnezeu este mai mare decât circumstanțele sale înspăimântătoare. S-ar putea ca circumstanțele să nu se schimbe, dar în prezența lui Dumnezeu putem avea pace în mijlocul acestora.

Psalmul 91

Acest Psalm ne învață că în vremuri de pericol, atunci când suntem asaltați de circumstanțe dificile și oameni răuvoitori, ne putem ascunde în prezența lui Dumnezeu.

LECȚIA 2 VIEȚI ÎMPĂRTĂȘITE

LECȚIA DOI:
DEZVOLTAREA UNEI ATITUDINI PLINE DE HAR

Scop: să-i ajutăm pe participanți să înțeleagă importanța harului lui Dumnezeu în Biblie și în propriile vieți, mai ales în relațiile cu Islamul și cu musulmanii

> **Activitate:**
>
> Discutați între voi tema de la lecția 1: rugăciunile și citirea Psalmilor. Ce ați învățat?

1   Introducere

În lecția 1 am meditat la atitudinea noastră față de Islam și de musulmani. Când aducem înaintea Domnului sentimentele noastre negative de frică, prejudecată și anxietate, putem să dezvoltăm o altă atitudine, și anume una de har. Acesta este subiectul lecției numărul doi. Vrem să medităm la harul lui Dumnezeu revărsat peste viața lui Iona și la reticența pe care el a arătat-o el atunci când a trebuit să fie un agent al acestui har.

Am dori să vă ajutăm să înțelegeți tot mai bine importanța harului în Biblie și în viețile noastre și am dori să explicăm cum arată o atitudine plină de har față de musulmani.

> **Activitate:**
> Luați o foaie de hârtie și scrieți o descriere a *harului*.
>
> **Discutați:**
> C.S. Lewis a spus odată:
> *Trăsătura unică a Creștinismului, care îl distinge de celelalte religii ale lumii este harul.*
> Sunteți de acord cu el? Motivați răspunsul.

VIEȚI ÎMPĂRTĂȘITE LECȚIA 2

2 Lecții despre har din viața lui Iona

„Iona s-a rugat Domnului Dumnezeului său din pântecele peștelui și a zis: ,În strâmtorarea mea am chemat pe Domnul, și m-a ascultat; din mijlocul Locuinței morților am strigat, și mi-ai auzit glasul.'" (Iona 2:1, 2)

Iona fugise de Domnul și era sub judecata Sa. În ciuda acestui lucru, el se roagă la Dumnezeu să îl ajute. Iar Dumnezeu i-a răspuns plin de milă. Când era înăuntrul peștelui, Iona a realizat că depinde de harul lui Dumnezeu și a strigat: „Mântuirea vine de la Domnul." (2:9). Peștele simbolizează harul lui Dumnezeu în viața lui Iona. Noi, care cunoaștem povestea lui Iona foarte bine, suntem orbi adesea în ceea ce privește scopul harului și a milei lui Dumnezeu pe care le vedem aici. Domnul vrea să ne învețe să fim plini de milă, în loc să fim mândri și să judecăm. El vrea ca inimile noastre să fie tot atât de pline de milă ca și a Lui. În povestea lui Iona, totuși, observăm că Iona nu învățase încă această lecție.

„Ah! Doamne, nu este aceasta tocmai ce ziceam eu când eram încă în țara mea? Tocmai lucrul acesta voiam să-l înlătur fugind la Tars. Căci știam că ești un Dumnezeu milos și plin de îndurare, îndelung răbdător și bogat în bunătate, și că Te căiești de rău!" (Iona 4:1, 2)

Lucrul de care se temea Iona și motivul pentru care nu a dat ascultare chemării lui Dumnezeu de a merge la Ninive a devenit realitate: Dumnezeu i-a iertat pe oamenii din Ninive și le-a arătat har, în loc să-i judece. În capitolul 4 din această carte, învățăm despre dragostea lui Dumnezeu și răbdarea pe care a avut-o cu Iona. Dumnezeu nu vrea numai să ne supunem Lui, ceea ce a și obținut de la Iona în capitolul 3, atunci când s-a dus să anunțe judecata. Dumnezeu dorea ca Iona să învețe să aibă milă cu oamenii cărora Dumnezeu le arată milă. Inima lui Iona a rămas neschimbată cu inima pe care a avut-o în capitolul 1, când primise chemarea.

Dumnezeu îl întreabă pe Iona „Bine faci că te mânii?" (4:4) Dumnezeu îl cheamă pe Iona să se cerceteze pe sine însuși și atitudinea pe care o are față de oamenii la care l-a chemat Dumnezeu. Deși Iona face o

LECȚIA 2 VIEȚI ÎMPĂRTĂȘITE

frumoasă afirmație teologică (în 4:2), restul capitolului arată că o teologie bună nu ne duce automat la o stare de spirit și la o atitudine a inimii care este în acord cu aceasta. Prin urmare, Iona este chemat să se cerceteze.

Gândiți-vă puțin: Dacă cineva are dreptul să fie mânios pe oamenii din Ninive, atunci Acela este Dumnezeu care urăște păcatul și violența. Și totuși, El a ales să arate milă și iertare oamenilor păcătoși și violenți. Astfel, putem citi în întrebarea lui Dumnezeu, cine este Iona ca să fie mânios atunci când Eu am ales să nu distrug Ninive? Iona știe că în Lege este scris „A Mea este răzbunarea și Eu voi răsplăti" (Deuteronom 32:35). Aceasta este responsabilitatea lui Dumnezeu, nu a lui Iona. Problema lui Iona este că el vrea să Îl controleze pe Dumnezeu.

Ne jucăm de-a Dumnezeu atunci când continuăm să fim mânioși pe oameni sau grupuri de oameni pe care i-a iertat Dumnezeu, atunci când luăm în mâinile noastre pedepsirea lor și avem o atitudine negativă, cuvinte pline de răzbunare sau chiar acțiuni ostile și distrugătoare. O luăm înaintea lui Dumnezeu atunci când facem dreptate după cum credem noi că se cuvine. Când facem asta, Dumnezeu ne întreabă tot așa cum l-a întrebat și pe Iona: „Este acesta dreptul tău?" Și singurul răspuns corect trebuie să fie: „Nu, Doamne, este dreptul Tău, nu al meu. Nu este bine să mă mânii." Cei care beneficiază de mila lui Dumnezeu nu au dreptul să se plângă de mila pe care în mod suveran El le-o arată altora, indiferent că aceștia nu merită.

> **Subiect de discuție:**
>
> I-a fost foarte greu lui Iona să *ofere har*. Recunoașteți același lucru și în voi înșivă? În ce situații vă este greu să-i abordați pe alții cu har?

3 O descriere a harului

„...Prin harul lui Dumnezeu sunt ce sunt..." (1 Cor. 15:9-11)

| VIEȚI ÎMPĂRTĂȘITE | LECȚIA 2

Cineva a venit cu ideea următorului acronim, care de altfel nu este o „definiție" greșită a harului:

God's Riches At Christ's Expense –
Bogațiile lui Dumnezeu cu prețul lui Hristos
(GRACE în limba engleză înseamnă HAR)

Una dintre cele mai populare și scurte definiții ale harului este „darul nemeritat a lui Dumnezeu." Cuvântul grec pentru har este *charis*. Sensul lui de bază este pur și simplu „favoare nemeritată sau necâștigată, un dar necâștigat, o favoare sau binecuvântare făcută în dar, în mod gratuit, niciodată ca merit pentru o muncă depusă." Termenul ebraic folosit pentru *har* înseamnă *a se îndoi, a se pleca*. Include ideea de *favoare condescendentă* (Ps. 18:35).

Harul este „ceea ce face Dumnezeu pentru omenire prin Fiul Său, ceva ce omul nu poate câștiga, nu merită și nu va merita niciodată". În Biblie, harul lui Dumnezeu este descris ca glorios (Efeseni 1:6), din belșug (Fapte 4:33), nespus de bogat (Efeseni 1:7; 2:7), felurit (cu mai multe fațete, multi colorat, 1 Petru 4:10) și suficient (2 Cor. 12:9). Atunci când studiem conceptul de har în Biblie, observăm trei lucruri:

1   Harul are de-a face cu cine este Dumnezeu
2   harul are legătură cu toate doctrinele principale din Biblie
3   harul trebuie văzut și recunoscut în viețile creștinilor

Acum, vom arunca o scurtă privire asupra acestor trei aspecte.

3. A   Harul are de-a face cu cine este Dumnezeu

3.A.1   Găsim harul lui Dumnezeu în întreaga Biblie

În Noul Testament găsim de douăzeci de ori termenul *harul lui Dumnezeu*.[4]

---

[4] Luca 2:40, Fapte 11:23, 13:43; 14:26; 20:24; Rom. 5:15; 1 Cor. 1:4; 3:10; 15:10; 2 Cor. 1:12; 6:1; 8:1;9:14; Gal. 2:21; Col.1:6; Tit. 2:11; Evr.. 2:9; 12:15; 1 Pet. 4:10; 5:12.

| LECȚIA 2 | VIEȚI ÎMPĂRTĂȘITE | |

Aceste cuvinte exprimă Sursa harului. Dumnezeu este numit *Dumnezeul oricărui har* (1 Petru 5:10), care domnește suveran pe *tronul de har* (Evr. 4:16). Duhul lui Dumnezeu este numit *Duhul harului* (Evrei 10:28, 29). Evanghelia este numită *Evanghelia harului lui Dumnezeu* (Fapte 20:24). Cuvântul lui Dumnezeu este numit *Cuvântul harului Său* (Fapte 20:32).

Doctrina harului divin străbate ca un fir atât Noul, cât și Vechiul Testament. Totuși, Vechiul Testament doar anticipează și pregătește calea pentru deplina expresie a harului care se manifestă în Noul Testament. Prima menționare a cuvântului har din Biblie se găsește în traducerea Septuaginta a pasajului din Geneza 6:8 unde citim că „...*Dar Noe a căpătat milă (har) înaintea Domnului*". Unul dintre ultimele cuvinte ale lui Dumnezeu din Biblie se referă la har: „*Cel ce adeverește aceste lucruri zice: ,Da, Eu vin curând.' Amin! Vino, Doamne Isuse! Harul Domnului Isus Hristos să fie cu voi cu toți! Amin.*" (Apoc. 22:20, 21)

3.A.2 Isus este manifestarea supremă a harului lui Dumnezeu

„*Și Cuvântul S-a făcut trup și a locuit printre noi, plin de har și de adevăr. Și noi am privit slava Lui, o slavă întocmai ca slava Singurului născut din Tatăl. ... Și noi toți am primit din plinătatea Lui și har după har; căci Legea a fost dată prin Moise, dar harul și adevărul au venit prin Isus Hristos.*" (Ioan 1:14, 16, 17)

Când Pavel îi scrie lui Tit despre prima venire a lui Hristos, el scrie: „*Căci harul lui Dumnezeu, care aduce mântuire pentru toți oamenii, a fost arătat.*" (Tit 2:11) Harul lui Dumnezeu este mai mult decât un atribut divin; este o Persoană divină, Isus Hristos. Isus Hristos nu a fost numai Dumnezeu întrupat, ci chiar harul întrupat. El Însuși personifică și exprimă harul lui Dumnezeu.

3.B Harul are legătură cu toate doctrinele principale din Biblie

„*Căci prin har ați fost mântuiți, prin credință--și aceasta nu vine de la voi; ci este darul lui Dumnezeu. Nu prin fapte, ca să nu se laude nimeni.*" (Efeseni 2:8, 9)

VIEȚI ÎMPĂRTĂȘITE   LECȚIA 2

Într-adevăr harul este inima Evangheliei, fundamentul credinței creștine. Harul își pune amprenta asupra fiecărui aspect al adevărului sau a doctrinei, într-un fel sau altul. Fiecare aspect doctrinar este legat de har.

Suntem declarați neprihăniți ca dar al harului lui Dumnezeu. (Tit 3:4-8; Rom. 3:21-24) Suntem mântuiți prin har. (2 Tim. 1:9; Fapte 15:8-12) Suntem iertați, mântuiți, adoptați ca fii ai lui Dumnezeu prin har (Efeseni 1:3-8; Fapte 18:26-28). Suntem chemați și aleși prin har. (2 Tim. 1:7-10; Gal. 1:6; Gal. 1:13-17; Rom 11:5, 6) Speranța noastră viitoare și siguranța eternă se bazează pe har. (2 Tes. 2:15-17; 1 Petru 1:13-15; Rom. 5:1, 2)

Harul e scump. În prima sa epistolă, în care apostolul Petru scrie foarte mult cu privire la har (1:2, 10, 13, 2:19, 20; 3:7; 4:10, 5:10, 12), el le reamintește cititorilor că nu suntem răscumpărați cu lucruri pieritoare, cum ar fi argintul și aurul, ci cu „sângele scump al lui Hristos" (1:19).

Ce paradox divin uimitor – harul L-a costat nespus de mult pe Dumnezeu și totuși este fără plată pentru toți oamenii, Harul este favoarea lui Dumnezeu oferită fără plată dar care a costat mult!

În 1 Corinteni 15:10, apostolul Pavel scrie:

„Prin harul lui Dumnezeu sunt ce sunt, și harul Lui față de mine n-a fost zadarnic." (1 Cor. 15:10)

În mărturia lui, vedem o ilustrație excelentă a modului în care se aplică practic harul. Semnul distinctiv al unui copil al lui Dumnezeu este că prin harul lui Dumnezeu, acesta este ceea ce este.

3.C Harul trebuie văzut și recunoscut în viețile noastre

„Când a ajuns el (Barnaba) și a văzut harul lui Dumnezeu, s-a bucurat..." (Fapte 11:23)

Deoarece harul definește într-o așa de mare măsură cine este Dumnezeu și pentru că este fundamentul mântuirii noastre și pentru că orice dar bun vine de la Tatăl nostru ceresc, ar trebui să fie normal ca harul

LECȚIA 2   VIEȚI ÎMPĂRTĂȘITE

să joace un rol central în viețile creștinilor și ar trebui să fie evident în tot ceea ce suntem și facem. Când Barnaba a ajuns în Antiohia, **a văzut** harul lui Dumnezeu în viețile credincioșilor. Apostolii au văzut harul lui Dumnezeu în Pavel, i-au dat mână dreaptă de însoțire (Gal. 2:9). Harul este ceva ce trebuie văzut și recunoscut în viețile noastre. Harul este uneori numit *dragoste în acțiune*. Pentru că l-am primit de la Dumnezeu și continuăm să-l primim din belșug zi de zi, el ne transformă ființele și ne călăuzește acțiunile.

Totuși, creștinii nu sunt întotdeauna recunoscuți pentru harul lor.

David Seamond:

„Cele două cauze majore ale problemelor emoționale în rândul creștinilor evanghelici sunt faptul că nu reușesc să înțeleagă, să primească și să trăiască harul și iertarea necondiționată a lui Dumnezeu și că nu reușesc să ofere altor oameni dragoste, iertare și har necondiționate ... Citim, auzim, credem o teologie sănătoasă cu privire la har. Dar nu acesta este modul în care trăim. Vestea cea bună a Evangheliei harului nu a ajuns la nivelul emoțiilor noastre."[5]

De aceea, este bine să aruncăm o scurtă privire la ceea ce ne învață Biblia referitor la modul în care arată harul care este la lucru în viețile noastre:

3.C.1 Harul ne dă puterea să trăim vieți schimbate și curate

„Căci harul lui Dumnezeu, care aduce mântuire pentru toți oamenii, a fost arătat și ne învață s-o rupem cu păgânătatea și cu poftele lumești și să trăim în veacul de acum cu cumpătare, dreptate și evlavie." (Tit 2:11, 12)

În aceste versete, precum și în Tit 3:3-8, Pavel face o legătură clară între doctrina harului și viețile creștinilor. Harul lui Dumnezeu produce vieți schimbate. Harul aduce mântuirea, dar nu se oprește aici, pentru

---

[5] David A. Seamands, *Healing for Damaged Emotions*, (Scripture Press, Victory Books, USA, 1991), 32.

că după aceea harul îi dă putere celui credincios să se sfințească zilnic. Harul lui Dumnezeu ne dă puterea să trăim diferit, să spunem „nu" păcatului și poftelor lumești, să dăm dovadă de autocontrol, verticalitate și evlavie și să facem ceea ce este bine (Tit 3:8). Doctrina creștină este predicată cel mai eficient prin purtarea unui creștin. Credința determină comportamentul. Harul nu ne dă permisiunea să facem ceea ce vrem noi, ci puterea să facem ceea ce trebuie.

3.C.2 Harul nu ne lasă să devenim plini de amărăciune și ne eliberează ca să putem ierta și renunța

„Urmăriți pacea cu toți și sfințirea, fără de care nimeni nu va vedea pe Domnul. Luați seama bine ca nimeni să nu se abată de la harul lui Dumnezeu, pentru ca nu cumva să dea lăstari vreo rădăcină de amărăciune, să vă aducă tulburare, și mulți să fie întinați de ea." (Evrei 12:14, 15)

Harul ne eliberează de o atitudine legalistă care dă naștere întotdeauna la amărăciune, molipsindu-i pe mulți. Legalismul pune accent pe ceea ce ar trebui să facem pentru Dumnezeu înainte de ceea ce a făcut El pentru noi în Isus.

Avem nevoie de har în relațiile noastre interpersonale, iar harul se exprimă prin răbdare, iertare, supunere și liberatea de a-I permite lui Dumnezeu să lucreze în cealaltă persoană. Te eliberează de încercarea de a mai lua locul Duhului Sfânt în viața altcuiva. Atunci când creștem în har, acest lucru ne ajută să petrecem mai puțin timp și energie criticându-i pe alții și alegerile lor, devenind mai toleranți și judecând mai puțin.

O persoană care experimentează harul este o persoană care „dă drumul frâielor", le dă libertate celorlalți:

A DA LIBERTATE CELORLALȚI – A DA DRUMUL FRÂIELOR

A da libertate celorlalți nu înseamnă să nu-mi mai pese, înseamnă că nu pot face nimic în locul nimănui.
A da libertate celorlalți nu înseamnă să mă retrag.
Înseamnă să realizez că nu-i pot controla pe ceilalți.

LECȚIA 2 — VIEȚI ÎMPĂRTĂȘITE

A da libertate celorlalți,
nu înseamnă că eu fac posibilă învățarea din consecințe naturale
ci că o permit.
A da libertate celorlalți înseamnă să recunosc slăbiciunile,
ceea ce înseamnă că rezultatul nu e în mâinile mele.
A da libertate celorlalți nu înseamnă să încerc să-l schimb
sau să dau vina pe celălalt,
eu mă pot schimba numai pe mine.
A da libertate celorlalți nu înseamnă să mă îngrijorez pentru ceilalți,
ci să-mi pese de ei.
A da libertate celorlalți nu înseamnă să rezolv, ci să sprijin.
A da libertate celorlalți nu înseamnă să judec,
ci să îi permit celuilalt să fie om.
A da libertate celorlalți nu înseamnă că mă bag în toate încercând
să controlez rezultatul,
ci că le permit celorlalți să-și controleze propriile rezultate.
A da libertate celorlalți nu înseamnă să protejez,
ci să le permit celorlalți să înfrunte realitatea.
A da drumul frâielor nu înseamnă să neg, ci să accept.
A da libertate celorlalți nu înseamnă să cicălesc,
să mustru sau să mă cert,
ci să îmi cercetez slăbiciunile și să le corectez.
A da drumul frâielor nu înseamnă
să ajustez toate lucrurile după dorințele mele,
ci să iau fiecare zi cu tot ceea ce-mi aduce.
A da libertate celorlalți nu înseamnă
să critic și să fac reguli pentru toți ceilalți,
ci să încerc să devin ceea ce visez că pot fi.
A da drumul frâielor nu înseamnă să regret trecutul,
ci să cresc și să trăiesc pentru viitor.
A da libertate celorlalți înseamnă să mă tem mai puțin
și să iubesc mai mult![6]

---

[6] Charles R. Swindoll, The Grace Awakening, (Milton Keynes, UK: Word Publishing, 1990), 146, 147.

3.C.3 Harul ne aminteşte să rămânem smeriţi

"Dumnezeu stă împotriva celor mândri, dar dă har celor smeriţi." (Iacov 4:6; 1 Petru 5:5; Prov. 3:34)

Smerenia este atât o stare cât şi un rezultat al harului. Harul lui Dumnezeu îl ajută pe credincios să înţeleagă că prin doar puterea sa nu poate umbla aşa cum doreşte Dumnezeu, căci până la urmă vorbim de o umblare supranaturală, o umblare împuternicită de Duhul, prin har, într-o continuă şi completă dependenţă de purtarea Sa de grijă suverană.

3.C.4 Harul ne dă o putere supranaturală pentru a face faţă circumstanţelor dificile

"Ci El mi-a zis: ,Harul Meu îţi este de ajuns, căci puterea Mea în slăbiciune este făcută desăvârşită.'" (2 Cor. 12:9)

Pavel scrie că a fost luat în al treilea cer şi i s-a dat un spin în trup ca să-l păzească de mândrie. Pavel L-a rugat pe Domnul de trei ori să-i ia acest spin. Drept răspuns, Domnul i-a spus lui Pavel că harul Său îi este de ajuns. Dacă harul lui Dumnezeu este de ajuns ca să ne salveze, cu siguranţă este de ajuns ca să ne ţină şi să ne întărească în vremuri de suferinţă şi slăbiciune. Dumnezeu îngăduie să fim slabi ca să putem primi puterea Sa.

3.C.5 Harul influenţează modul în care vorbim

"Purtaţi-vă cu înţelepciune faţă de cei de afară; răscumpăraţi vremea. Vorbirea voastră să fie totdeauna cu har, dreasă cu sare, ca să ştiţi cum trebuie să răspundeţi fiecăruia." (Coloseni 4:5, 6)

Cuvântul *har* se referă aici la a fi plăcut, încântător, sensibil, bun, potrivit, blând, plin de dragoste şi grijuliu.

Cuvintele noastre pline de har reflectă harul lui Hristos, care foloseşte vorbirea noastră plină de har pentru a-i atrage pe alţii la mântuire.

LECȚIA 2 — VIEȚI ÎMPĂRTĂȘITE

„Și toți Îl vorbeau de bine, se mirau de cuvintele pline de har care ieșeau din gura Lui." (Luca 4:22)

3.C.6 Harul ne ajută să ne dăm pe noi înșine altora

„Fraților, voim să vă aducem la cunoștință harul pe care l-a dat Dumnezeu în bisericile Macedoniei." (2 Cor. 8:1)

„Și Dumnezeu poate să vă umple cu orice har, pentru ca, având totdeauna în toate lucrurile din destul, să prisosiți în orice faptă bună." (2 Cor. 9:8)

În 2 Corinteni capitolele 8 și 9, apostolul Pavel scrie despre o colectă care s-a făcut pentru creștinii săraci din Ierusalim, în rândul bisericilor dintre neamuri. În aceste capitole, el folosește cuvântul *har* (charis) de 10 ori. Îl folosește ca sinonim pentru generozitatea creștină, semn al harului lui Dumnezeu care curge în și din viețile noastre. Dacă înțelegem și apreciem cu adevărat harul lui Dumnezeu oferit tuturor celor care sunt păcătoși la fel ca noi, vom dori să exprimăm acest har împărtășindu-l și altora. Harul lui Dumnezeu ne va deschide inimile și mâinile, deoarece o inimă deschisă nu poate să țină mâna închisă. Deși contextul se referă la dăruirea financiară, cred că-l putem aplica și altor feluri de dăruiri (de ex. timp, energie, dragoste, grijă și milă). Datorită harului abundent al lui Dumnezeu revărsat peste noi, putem fi generoși în diferite moduri față de alții. Credincioșii sunt canale prin care harul lui Dumnezeu poate curge pentru a împlini nevoile altora.

Dacă ne uităm la importanța harului în Biblie și în viețile creștinilor, n-ar trebui să ne surprindă că în biserica primară oamenii își aminteau unii altora de importanța harului. Salutul „Har și pace vouă" fie ca notă introductivă, fie ca binecuvântare de încheiere, era o frază obișnuită folosită de Pavel și Petru în scrisorile lor. (Gal. 1:1; Efeseni 1:1; 2 Tim. 1:1; 1 Petru 1:2; 2 Petru 1:2)

VIEȚI ÎMPĂRTĂȘITE   LECȚIA 2

Subiect de discuție:

În pilda Fiului Risipitor (Luca 15:11-32) Isus ne oferă o frumoasă ilustrație a harului lui Dumnezeu (*tatăl* în pildă) față de copiii Săi. Pilda ne arată de asemenea cât de dificil este să trăiești prin har și să arăți har altora. Citiți această pildă și discutați următoarele chestiuni:

1. Cum se arată harul tatălui față de:
   a) fiul cel mic; b) fiul cel mare?
2. Ce dovezi găsiți în această pildă cu privire la faptul că ambilor fii le-a fost greu să primească harul oferit?
3. Fiul cel mare nu era gata să arate har fratelui său. Înțelegeți acest lucru și recunoașteți această atitudine în propria viață?

4   Cum să dezvoltăm o atitudine plină de har față de musulmani

Am văzut că harul are legătură cu cine este Dumnezeu și cu ce face El și că harul ar trebui să fie o caracteristică fundamentală a creștinilor. Acum am vrea să aplicăm ce am învățat cu privire la har în atitudinea noastră față de Islam și de musulmani. În locul fricii, suspiciunii, prejudecăților, atitudinea noastră față de musulmani ar trebui să fie una plină de har.

Steve Bell definește o atitudine plină de har după cum urmează:

O atitudine plină de har este ... „o dorință de a schimba modul în care au loc mecanismele în creierul nostru și creează în noi frică față de necunoscutul din altă persoană; să fim gata să le acordăm altora prezumția de nevinovăție și să încercăm să facem un efort să înțelegem de ce fac ceea ce fac."[7]

---

[7] Steve Bell, *Grace for Muslim? The journey from fear to faith*, (Milton Keynes: Authentic Media, 2006), 1.

LECȚIA 2 VIEȚI ÎMPĂRTĂȘITE

O atitudine plină de har față de musulmani constă în următoarele șase elemente:

4.1 Aplicați Regula de aur

În predica de pe munte Isus Își încurajează ucenicii:
„Tot ce voiți să vă facă vouă oamenii, faceți-le și voi la fel; căci în aceasta este cuprinsă Legea și Prorocii." (Matei 7:12)

Respectând acestă *Regulă de aur*, atunci când interacționăm cu Islamul și cu musulmanii, ar trebui:

1) <u>Să judecăm cinstit Islamul</u>
Când evaluăm Islamul, trebuie să folosim aceleași criterii critice pe care vrem să ni le aplicăm și nouă. Nu trebuie să comparăm ce-i mai rău din Islam cu ce-i mai bun din Creștinism. De exemplu să comparăm folosirea violenței de către musulmani cu cuvintele lui Isus: „Eu am venit să aduc pacea"; sau să comparăm căsătoriile lui Mahomed cu principiile biblice cu privire la căsătorie.

2) <u>Să fim conștienți de greșelile Creștinismului din trecut</u>
În istoria bisericii, găsim multe acte de violență și alte lucruri îngrozitoare care au fost făcute în numele Creștinismului. Dacă suntem conștienți de acestea, putem fi mai îngăduitori cu musulmanii, deoarece „cei ce locuiesc în globuri de sticlă nu trebuie să arunce cu pietre".

3) <u>Să ne uităm la intențiile musulmanilor</u>
Atunci când analizăm diferențele fundamentale dintre Islam și Creștinism, am putea să ne întrebăm care a fost intenția originală a lui Mahomed pentru fiecare dintre aceste puncte de contradicție și cum trebuia această intenție să-l conducă pe musulman. De exemplu, mulți musulmani spun că intențiile lui Mahomed au fost să îmbunătățească condiția femeii, în comparație cu vremurile în care trăia el.

De asemenea, atunci când vorbim de musulmanii din țările noastre, adesea presupunem că le cunoaștem intențiile, în loc să-i întrebăm pe ei care sunt acestea.

4) Nu dați naștere unor stereotipuri
Stereotipurile îi pun pe oameni în categorii și reduc situațiile complexe la forma lor cea mai simplă, fără o înțelegere de ansamblu. Stereotipurile depersonalizează indivizii. Ar trebui să ne păzim să punem în seama tuturor musulmanilor opinii sau comportamente care le sunt caracteristice doar unora dintre ei.

4.2 Să-l iubim pe aproapele nostru musulman ca pe noi înșine

Poporului Israel i s-au dat instrucțiuni cu privire la modul în care să-și trateze vecinii, străinii din mijlocul lor și dușmanii. Li s-a spus să-și iubească vecinul ca pe ei înșiși (Levitic 19:18); să-l iubească pe străin ca pe ei înșiși (Levitic 19:34), iar Isus Își încurajează ucenicii să-și iubească dușmanii (Matei 5:44). Creștinii sunt încurajați să reflecte atitudinea lui Dumnezeu față de aproapele lor, străini și dușmani.

Aceasta înseamnă, printre altele: să nu se poarte urât cu ei sau să-i oprime, să încerce să-i înțeleagă (Ex. 22:21, 23:9); să fie buni cu ei când trec prin greutăți (Ex. 23:4, 5); să-i binecuvânteze, să nu se răzbune și să le facă bine (Romani 12:14-21; Proverbe 25:21, 22).

4.3 Să nu aducem o mărturie mincinoasă împotriva aproapelui nostru musulman

Una din cele Zece Porunci spune să nu aducem o mărturie mincinoasă împotriva altor oameni (Exod 20:16). Dacă aplicăm acest lucru la Islam, înseamnă că atunci când vorbim despre Islam, ar trebui să căutăm să spunem adevărul cât se poate de mult. Uneori, frica îi poate face pe oameni să exagereze situații (ex. În Numeri 13, cele zece iscoade au exagerat percepția lor negativă asupra Canaanului pentru a împiedica poporul lui Israel să intre în țară). În esență, Islamul este ceea ce spune musulmanul că este. Trebuie să fim atenți când interpretăm Coranul și luăm versetele în afara contextului sau fără să luăm în considerare modul în care aceste versete au fost sau sunt interpretate de învățații musulmani. Trebuie să fim gata să-i ascultăm pe musulmani și să învățăm să vedem lumea prin ochii lor.

4.4 O dorință de a recunoaște aspectele pozitive din Islam

Avram, care credea că „nu-i nici o frică de Dumnezeu în țara aceasta", descoperă că erau oameni din afara poporului lui Israel, cum ar fi Abimelec, regele Gherarului, care avea un respect adevărat față de Dumnezeu și chiar a putut să audă și să răspundă unei comunicări directe din partea lui Dumnezeu. (Geneza 20:1-18)

Un alt aspect al atitudinii pline de har față de musulmani este dorința noastră de a recunoaște unele din trăsăturile pozitive ale Islamului, ale lui Mahomed, ale civilizației, istoriei și culturii islamice. Ar trebui să putem învăța care sunt caracteristicile pozitive ale musulmanilor și ale islamului. Ar tebui să fim gata să învățăm de la musulmani lucruri legate de relația noastră cu Dumnezeu. Ar trebui să căutăm urme (ecouri) ale harului lui Dumnezeu în Islam. Ar trebui să putem aprecia ceea ce face ca Islamul să fie o religie atrăgătoare și rezonabilă în ochii a milioane de oameni.

4.5 Să avem abilitatea de a-i vedea pe musulmani ca ființe umane

Harul lui Dumnezeu ne dă putere să-i vedem pe musulmani ca pe niște ființe umane cu o anumită credință, nu ca pe niște reprezentanți ai unui sistem religios. Este important să vedem că dincolo de eticheta „vălului" se află o mamă pe nume Samira. Să vedem că dincolo de un „musulman" se află Hassan, un tată care muncește din greu. Să vedem că dincolo de eticheta „emigrant musulman" se află un băiat sau o fată Hossaine ori Khadija, care au mari speranțe legate de viitorul lor, să descoperim temerile din spatele musulmanului mânios și fundamentalist, Samir.

Haideți să descoperim prietenul din spatele etichetei de musulman.

4.6 Să recunoaştem anumite promisiuni din Biblie care s-ar putea aplica musulmanilor

O tradiţie larg răspândită în lumea arabă îl asociază pe Ismael şi pe descendenţii săi cu arabii în general şi cu musulmanii arabi în particular. După spusele lui Tony Maalouf, în cartea sa *Arabii în umbra Israelului*, „dovezi mai vechi îi leagă clar pe arabii din nord de Ismael", iar „Ismael devenise un mare simbol al triburilor arabe din nord în primul secol după Hristos."[8]

În această lumină, este important să fim conştienţi de promisiunile pe care Dumnezeu le-a făcut descendenţilor lui Ismael. Dumnezeu promite că-l va binecuvânta pe Ismael ca răspuns la rugăciunea lui Avram (Geneza 17:20). Alegerea lui Isaac (şi a Israelului) nu îl îndepărtează automat pe Ismael şi pe descendenţii lui de purtarea de grijă spirituală şi materială a lui Dumnezeu. Dumnezeu se poartă plin de milă cu Agar şi Ismael. În Geneza 25:13-18, avem o listă cu numele fiilor lui Ismael, cum ar fi **Nebaiot** şi **Chedar**.

Biblia conţine câteva referinţe profetice la triburile arabe, descendenţi ai lui Ismael:

„Cântaţi Domnului o cântare nouă, cântaţi laudele Lui până la marginile pământului, voi care mergeţi pe mare şi cei ce locuiţi în ea, ostroave şi locuitorii lor! Pustiul şi cetăţile lui să înalţe glasul! Satele locuite de **Chedar** să-şi înalţe glasul! Locuitorii stâncilor să sară de veselie: să strige de bucurie din vârful munţilor! Să dea slavă Domnului şi să vestească laudele Lui în ostroave!..." (Is. 42:10-12)

„Vei fi acoperit de o mulţime de cămile, de dromaderi din Madian şi Efa; vor veni toţi din Seba aducând aur şi tămâie şi vor vesti laudele Domnului. Toate turmele **Chedarului** se vor aduna la tine, berbecii din **Nebaiot** vor fi în slujba ta; se vor sui pe altarul Meu ca jertfă plăcută Mie, şi Casa slavei Mele o voi face şi mai slăvită. Cine sunt aceia care zboară ca nişte nori, ca nişte porumbei spre porumbarul lor?" (Is. 60:6-8)

---

[8] Tony Maalouf, Arabs in the Shadow of Israel, (Grand Rapids MI: Kregel Publications, 2003), 45.

LECȚIA 2   VIEȚI ÎMPĂRTĂȘITE

Conform unor Părinți ai Bisericii (ex. Iustin Martirul), magii care au venit din Răsărit pentru a se închina înaintea Regelui evreilor au fost cel mai probabil arabi.

„Darurile prezentate Regelui evreilor de către Magi au reprezentat surse arabe de bogăție prin excelență. Arabii au fost principalii producători și distribuitori de tămâie și aur timp de secole înainte de Hristos. În fiecare an, aduceau treizeci de tone de tămâie regelui persan, în semn de loialitate. Profeția din Isaia 60:1-7 a prezis trecerea bogățiilor neamurilor, în special a arabilor, în mâinile lui Mesia din Ierusalim, când va străluci lumina mesianică peste națiunea Israel. Astfel, e normal să îi vedem pe Magii arabi jurând credință Regelui regilor."[9]

Magii arabi pot fi primul rod al unui seceriș ce va veni. Dumnezeu lucrează în lumea musulmană. În întreaga lume, musulmanii vin la Hristos. Dumnezeu li se revelează prin vise și viziuni. Biserica crește în multe părți ale lumii musulmane.

Profetul Isaia a vorbit împotriva țării/tribului **Cuș**, pe care învățații din epoca modernă îl identifică ca fiind un trib arab, aflat probabil pe teritoriul actual din nordul Sudanului. Isaia vorbește despre el ca fiind *„neamul acela tare și puternic, la poporul acela înfricoșat de la începutul lui, neam puternic care zdrobește totul și a cărui țară este tăiată de râuri."* (Is. 18:2).

El își încheie profeția cu o frumoasă promisiune, și anume că acest popor, care era atât de temut, va aduce daruri Domnului Atotputernic, în locul în care este chemat Numele Domnului Atotputernic:

„În vremea aceea, se vor aduce daruri de mâncare Domnului oștirilor de poporul cel tare și puternic, de poporul cel înfricoșat de la începutul lui, neam puternic care zdrobește totul și a cărui țară este tăiată de râuri: vor fi aduse acolo unde locuiește Numele Domnului oștirilor, pe muntele Sionului." (Is. 18:7)

---

[9] Maalouf, 218.

VIEȚI ÎMPĂRTĂȘITE — LECȚIA 2

Putem noi să credem că aceia care acum provoacă frică în inimile multora, de ex. musulmanii extremiști, pot deveni oameni care aduc daruri de reverență și respect Dumnezeului Atotputernic?

Temă

1. Citiți parabola fiului risipitor(Luca 15:11-32) de mai multe ori înainte de lecția care urmează. Cu care dintre cele trei personaje (tatăl, fiul cel mic sau fiul cel mare) vă identificați? În care vă regăsiți? Cum este harul primit sau oferit de către fiecare dintre ei și în ce fel trebuie să creșteți pentru a fi plăcuți tatălui, mai ales dacă vorbim despre a fi plini de har?

2. Citiți rugăciunea Sf. Francisc și includeți-o în rugăciunile voastre pe parcursul săptămânii care vine:

Rugăciunea Sf. Francisc

Doamne, fă-mă un instrument al păcii tale,
Unde-i ură, vreau să semăn dragoste;
Unde-s răni, iertare;
Unde-i îndoială, credință;
Unde-i disperare, speranță;
Unde-i întuneric, lumină;
Unde-i tristețe, bucurie;

O Stăpân Divin, ajută-mă nu să caut să fiu eu mângâiat,
ci să aduc mângâiere;
nu să fiu eu înțeles, ci să înțeleg;
nu să fiu eu iubit, ci să iubesc.

Căci atunci când dăruim, primim;
atunci când iertăm, suntem iertați;
și prin moarte suntem renăscuți pentru viața veșnică.

LECȚIA 2   VIEȚI ÎMPĂRTĂȘITE

Informații despre Francisc de Assisi

Sfântul Francisc de Assisi (182-226) a fost un călugăr și predicator catolic italian. Este fondatorul Ordinului Franciscanilor. Atunci când cruciații au intrat în Orientul Mijlociu pentru a se lupta cu musulmanii, Francisc a străbătut diferite țări din Orientul Mijlociu ca apostol al harului. A predicat evanghelia Sultanului, generalul armatelor musulmane. Steve Bell îl descrie pe Francisc drept un „creștin care a echilibrat realitatea politică cu o atitudine plină de har față de musulmani."[10]

Christine A. Mallouhi, în cartea sa, *Pace cu Islamul* (*Waging Peace on Islam*), îl consideră pe Francisc drept un exemplu al modului în care să interacționăm cu musulmanii în vremuri de dușmănie reciprocă.[11] *„Atunci când rugăciunea lui Francisc de Assisi primește răspuns prin noi, putem fi gata* **să acoperim totul, credem totul, nădăjduim totul, suferim totul** *(1 Cor. 13:7). Acesta este mai degrabă un răspuns biblic, decât o reacție omenească față de musulmani."*[12]

---

[10] Steve Bell, Grace for Muslims?, 5.
[11] Pentru a afla mai multe lucruri referitoare la Francisc de Assisi și ce putem învăța de la el în contactul nostru cu musulmanii, vă sugerez să citiți cartea lui Christine A. Mallouhi, *Pace cu Islamul* (*Waging Peace on Islam*), (Londra, Monarch Books, 2000)
[12] Steve Bell, Grace for Muslims?, 7

LECȚIA 3 VIEȚI ÎMPĂRTĂȘITE

LECȚIA TREI:
CUM SĂ-I ÎNȚELEGEM PE MUSULMANI

Scop: să învăţăm care sunt câteva aspecte cheie ale credinţei şi practicii Islamului.

1 Introducere

Am privit la atitudinea şi la emoţiile noastre referitoare la Islam şi la musulmani şi începem să învăţăm să-i abordăm pe musulmani cu o atitudine plină de har. Acum ne aflăm într-o stare mai potrivită pentru a primi informaţii corecte referitoare la Islam şi la musulmani. În lecţia anterioară, am învăţat că un aspect al unei atitudini pline de har este să privim la Islam prin ochii musulmanilor. Prin urmare, am alcătuit această lecţie punând laolaltă surse musulmane.[13] De asemenea, această lecţie a fost discutată cu un imam.

2 Iona în Islam[14]

În lecţiile anterioare, am privit la profetul Iona dintr-o perspectivă biblică. În lecţia aceasta vrem să vedem ce ne învaţă Islamul cu privire la Iona. Conform tradiţiilor islamice, mormântul profetului Iona (numit *nabi Yunus* în limba arabă) se găseşte în ziua de azi în Mosul, la 400 de kilometri nord de Bagdad, în Irak. În aşa numita moschee Yunus, putem găsi mormântul lui Iona, decorat cu oase de balenă.

A *Referinţe despre Iona în Coran*

Numele şi/sau povestea lui Iona se găseşte în următoarele versete din Coran:

Sura (capitolul) 4:163; Sura 10:98-100; Sura 21:87, 88; Sura 37:138-148; Sura 68:48-50.

---

[13] E.g. Islam: A brief Guide, The Muslim Educational Trust, UK.
[14] Preluat de la: http://www.angelfire.com/on/ummiby1/jonah.html şi http://etext.virginia.edu/journals/ssr/issues/volume3/number1/ssr03-01-e02.html

Sura 10 îi poartă numele. În Sura 21:87-90 Iona este numit *stăpânul peștelui*, iar în Sura 68:48-50 este numit *tovarășul peștelui cel mare*.

„Deci îndură cu răbdare hotărârea Domnului tău și nu fi ca tovarășul peștelui cel mare [Iona], care L-a chemat [pe Allah], când el era plin de mâhnire! Dacă nu l-ar fi ajuns pe el îndurarea de la Domnul lui, ar fi fost el aruncat pe țărmul gol și ar fi fost acoperit de rușine. Însă l-a ales pe el Domnul său și l-a așezat pe el printre cei evlavioși." (Sura 68:48-50)

„Și adu-ți aminte de Dhu-n-Nun, când el a plecat furios și și-a închipuit că Noi nu vom mai avea putere asupra lui. Atunci el a strigat în întunecimi: ,Nu există altă divinitate în afară de Tine! Slavă Ție! Eu am fost dintre cei nelegiuiți.' Și Noi i-am răspuns și l-am izbăvit de mâhnire. Astfel îi mântuim Noi pe drept-credincioși." (Sura 21:87, 88)

„A fost și Iona printre trimiși. Când a alergat el la corabia încărcată și a tras la sorți și a fost osândit [să fie aruncat] și l-a înghițit peștele cel mare, pentru că el era vinovat și de n-ar fi fost el printre cei care aduceau preamărire, ar fi rămas în burta lui până în ziua când vor fi înviați. L-am aruncat Noi pe pământul cel gol fiind el bolnav, și am lăsat să crească peste el un lujer de dovleac și l-am trimis pe el [ca profet] la o sută de mii [de oameni] sau chiar mai mulți, iar ei au crezut și i-am lăsat pe ei să se bucure de viață până la un timp." (Sura 37:138-148)

„Și nu a fost nici o cetate căreia credința să-i fi fost de folos, [când i-a venit pedeapsa], în afară de cetatea neamului lui Iona, care, după ce a crezut, i-a mântuit [pe locuitorii ei] de chinul rușinii în viața lumească și le-am dat Noi lor bucurie până la un timp. Și de-ar fi voit Domnul tău, toți cei de pe pământ ar fi crezut laolaltă! Și oare tu îi silești pe oameni ca să fie credincioși? Nu poate nici un suflet să creadă, decât cu voia lui Allah. Și El va trimite pedeapsă împotriva acelora care nu pricep." (Sura 10:98-100)

LECȚIA 3　　　　　　VIEȚI ÎMPĂRTĂȘITE　

B　Sumar al învățăturii Islamice cu privire la Iona

Bazat pe aceste versete și de asemenea pe unele Tradiții Islamice (Hadith-ul, scrierile referitoare la ce a spus și a făcut Mahomed), putem rezuma învățătura Islamului după cum urmează:

Iona a fost un profet care a fost trimis de Dumnezeu la propriul său popor în orașul Ninive. Locuitorii orașului Ninive erau idolatri și trăiau fără rușine. Iona a fost trimis să-i învețe să se închine lui Allah. Oamenilor nu le-a plăcut că el s-a amestecat în modul lor de închinare, așa că au ridicat glasul. „Noi și părinții noștri ne-am închinat la acești dumnezei mulți ani de zile și nu ni s-a întâmplat nimic rău." Oricât încerca să îi convingă de faptul că idolatria este o nebunie și că legile lui Allah sunt bune, ei nu l-au băgat în seamă. El i-a avertizat că dacă continuă cu nebunia lor, pedeapsa lui Allah va cădea curând. În loc să se teamă de Allah, i-au spus lui Iona că nu se tem de amenințările sale. Iona a fost descurajat și a plecat din Ninive, temându-se că mânia lui Allah se va revărsa curând.

De-abia plecase din oraș, când cerurile au început să-și schimbe culoarea și păreau că au luat foc. Când au văzut acest lucru, pe oameni i-a apucat frica. Și-au amintit de distrugerea acelora de pe vremea lui Noe. S-au strâns cu toții pe munte și au început să implore mila și iertarea lui Allah. Allah și-a retras mânia și a revărsat binecuvântări asupra lor din nou. Când a trecut amenințarea furtunii, s-au rugat ca Iona să se întoarcă și să-i conducă.[15] Între timp, Iona se îmbarcase pe o corăbioară în compania altor pasageri. A navigat toată ziua pe ape calme. Când a venit noaptea, marea s-a schimbat dintr-o dată. A început să bată o furtună năpraznică, de parcă urma să rupă corabia în bucăți. Căpitanul a cerut echipajului să ușureze încărcătura grea a corabiei. Și-au aruncat bagajele peste bord, dar n-a fost destul. Dacă vroiau să fie în siguranță, trebuiau să mai reducă din greutate, așa că au decis să mai

---

[15] Conform lui Razi, în comentariul său asupra Coranului, în ziua de Asjurah (zi de post) s-a pocăit poporul lui Iona. (În sinagoga evreiască, în ziua de post din ziua a noua a lunii Av, Tisja Ba'av, în timpul rugăciunilor de după amiază, se citește din cartea Iona)

ușureze din greutate scăpând de cel puțin o persoană. Căpitanul a ordonat: „O să tragem la sorți între toți călătorii. Cel al cărui nume este tras va fi aruncat în mare." Au tras la sorți și a ieșit numele „Iona". Pentru că-l știau că este cel mai onorabil dintre ei, n-au vrut să-l arunce în marea înfuriată. Prin urmare, au decis să tragă la sorți a doua oară. Și din nou a ieșit numele lui Iona. I-au dat o ultimă șansă și au tras a treia oară. Din păcate pentru Iona, din nou a ieșit numele lui. Era clar, și au decis ca Iona să se arunce singur în apă. O balenă l-a găsit pe Iona plutind pe valuri. L-a înghițit pe Iona în stomacul său furios și și-a închis dinții în urma lui. Pe Iona l-au învăluit trei straturi de întuneric, unul peste celălalt; întunericul din stomacul balenei, întunericul de pe fundul mării și întunericul nopții. Iona s-a rugat lui Allah. Allah a văzut pocăința sinceră a lui Iona și a auzit rugăciunea lui din burta balenei. Balena l-a scuipat pe Iona pe o insulă îndepărtată. Trupul îi era umflat din cauza acizilor din stomacul balenei. Era bolnav, și când a răsărit soarele, razele sale i-au ars trupul umflat așa că era cât pe-aci să țipe de durere. Totuși, a suferit durerea și a continuat să se roage la Allah. Allah a făcut să crească o viță de vie deasupra lui ca să-l protejeze. Apoi Allah l-a vindecat pe Iona și l-a iertat. Treptat, și-a recăpătat puterea și s-a întors acasă, la Ninive. A fost plăcut surprins să vadă schimbarea care a avut loc acolo. Întreaga populație s-a întors să îl întâmpine. I-au spus că au început să creadă în Allah. Împreună, s-au rugat și au mulțumit Domnului celui Îndurător.

C   Iona în viața musulmanilor în ziua de azi

Pentru mulți musulmani din ziua de azi, Iona pare o persoană cu care trebuie să se identifice:

a. Un student musulman a scris pe internet că dacă cineva vrea să ia un examen, trebuie să citească rugăciunea lui Iona făcută atunci când era în burta balenei.

b. Ca răspuns la o întrebare pusă de două fete musulmane referitor la faptul care voiau să știe dacă le este sau nu permis să fugă de acasă, un imam prezent de pe internet scrie că fuga de acasă este o temă care se regăsește în Coran și se referă la Iona când

LECȚIA 3   VIEȚI ÎMPĂRTĂȘITE

scrie: „Profetul Yunus a încercat să fugă de *acasă* (unde Dumnezeu îl chemase să stea). Drept pedeapsă, Allah a trimis o balenă să-l mănânce pe Yunus. Yunus a petrecut 40 de zile în stomacul balenei. Allah l-a iertat și i-a dat lui Yunus o a doua viață."

c. Într-o predică a unui imam, Iona este dat ca exemplu al cuiva care în întunericul adânc a fost gata să se supună (seminificația cuvântului *Islam*) lui Dumnezeu.

Subiecte de discuție:
1. Ce vi se pare semnificativ când comparați povestea biblică despre Iona cu cea găsită în Coran și în tradițiile Islamice?
2. Cum explicați asemănările și deosebirile?

CÂTEVA ASPECTE ALE ISLAMULUI

Vom privi acum la câteva aspecte ale Islamului

1   Începutul Islamului

Deși Islamul ca religie independentă a luat ființă în secolul al VI-lea după Hristos, musulmanii spun că originea Islamului este mult mai veche. În Sura 3:67 citim: *Avram nu a fost nici evreu, nici creștin, ci o persoană care dorea adevărul, un musulman [supus al lui Allah]. Și nu era un politeist.*

Cuvântul 'Islam' înseamnă 'supunere' și musulmanul este acela 'care se supune' lui Dumnezeu. Avram este considerat Părintele Profeților și mulți musulmani cred că sunt urmașii lui Avram, prin fiul său Ismael. Ismael joacă un rol important în tradițiile islamice.

2   Persoana lui Mahomed

Mahomed s-a născut în anul 571 la Mecca (Arabia Saudită de azi). Tatăl său a murit înainte ca el să se nască, iar mama lui a murit când el avea șase ani. La vârsta de 25 de ani, s-a însurat cu o văduvă pe nume

Khadija. Conform musulmanilor, la vârsta de 40 de ani, Mahomed a început să primească revelații de la Dumnezeu (Allah). Era convins că merge pe urmele unor profeți ca Moise, David și Isus și, ca un ultim profet, la fel ca și ei, era chemat să-i cheme pe oameni să se închine înaintea singurului Dumnezeu adevărat. Oamenii din Mecca se închinau la mai mulți dumnezei. Mahomed i-a invitat la Islam (= supunerea față de Dumnezeu). Mai mulți oameni i s-au alăturat și au devenit musulmani, în vreme ce alții l-au respins. Treptat, numărul său de adepți a crescut. La început, Mahomed și adepții său s-au confruntat cu multă opoziție din partea locuitorilor din Mecca. După 12 ani (622 după Hristos) Mahomed și adepții săi s-au mutat în orașul Yathrib (care a ajuns mai târziu să se numească *Medina, orașul profetului*.) Acest oraș reprezintă o influență considerabilă în Islam și aceasta reiese din faptul că în Islam, calendarul începe cu acest eveniment. În Yathrib, Mahomed și adepții săi au fost primiți cu ospitalitate și, la scurtă vreme după aceea, Mahomed a devenit nu numai liderul lor spiritual, ci și liderul politic al orașului și fondatorul primului stat musulman. În anii următori, numărul adepților lui Mahomed a crescut rapid. Mahomed, care este descris în Coran ca *o binecuvântare pentru omenire* (21:107) și *un exemplu de urmat* (33:21) a murit în 632 după Hristos, la vârsta de 63 de ani. După moartea sa, revelațiile pe care le-a primit au fost strânse într-o carte, Coranul. De asemenea, vorbele și exemplele sale au fost strânse într-o colecție de cărți, sub numele de *Sunna*.

3   Răspândirea Islamului

La moartea lui Mahomed în anul 632 după Hristos, cei mai mulți musulmani se aflau în Arabia Saudită, dar în anii următori, Islamul s-a răspândit înspre nord (Siria, Iordan), înspre est (Iran și Irak) și înspre vest (Egipt, Algeria). În jurul anului 750 după Hristos, tot nordul Africii și chiar Spania se aflau sub ocupație islamică. Aproximativ 1500 de noi zone din Africa și Asia deveniseră islamice, iar Indonezia a devenit și ea parte a lumii islamice. În secolul al XIV-lea, Imperiul Islamic Otoman și-a pus bazele în Turcia. Acest imperiu a avut o mare influență în Orientul Mijlociu și Europa Centrală timp de secole și a contribuit în mare măsură la stabilirea Islamului în Europa Centrală și de Est, ex. în Albania și Bosnia.

La momentul actual, Islamul este principala religie din patruzeci de țări ale lumii. Arabii reprezintă cam 20 la sută din toți musulmanii. Putem găsi musulmani în Indonezia (196 de milioane), Pakistan (166 de milioane), Bangladesh (150 de milioane), India (150 de milioane), Nigeria (70 de milioane), Turcia (70 de milioane), și Iran (68 de milioane). În Europa (inclusiv în Rusia) sunt în jur de 50 de milioane de musulmani.

4   Ce cred musulmanii

Învățătura de credință a Islamului conține adesea șase puncte, și anume:

1) Allah (Dumnezeu)
2) Îngerii
3) Cărțile lui Dumnezeu
4) Profeții
5) Ziua judecății
6) Predestinarea

Cinci dintre acestea sunt menționate în Sura 2:177 „*...cei cu adevărat cuvioși sunt cei ce cred în Allah și în Ziua de Apoi, în îngeri, în Carte și în profeți.*"

Cele trei credințe fundamentale ale Islamului sunt:

a) *Tawhid* – unicitatea lui Allah
b) *Risalah* – profeții
c) *Akhirah* – viața de după moarte

a   Tawhid

Tawhid este credința islamică cea mai importantă. Musulmanii cred că tot ce există își are originea în unicul Creator, care este Susținătorul și Singura Sursă a Călăuzirii. Această credință trebuie să guverneze toate aspectele vieții umane. Recunoașterea acestui adevăr fundamental aduce o percepție unificată asupra vieții și respinge orice împărțire între partea religioasă și cea seculară. Dumnezeu (Allah) este singura sursă de Putere și Autoritate și trebuie să ne închinăm Lui și să-L ascultăm. El nu are nici un partener; *Tawhid* este monoteism pur. Allah nu s-a născut și nu are nici un fiu sau fiică. Ființele umane sunt supușii săi. El este Unul; El este Veșnic; El este Cel Dintâi și Cel de pe urmă; și nu este nimeni ca el. Credința în *Tawhid* aduce o schimbare totală în viața musulmanului. Îl face să se plece numai înaintea lui Allah, Cel care îi vede toate acțiunile. El trebuie să se străduiască să implementeze legile lui Allah în toate domeniile vieții sale, pentru a-i câștiga bunăvoința.

b   Risalah

Risalah înseamnă slujba profeților sau a mesagerilor. Musulmanii cred că Dumnezeu (Allah) nu l-a lăsat pe om fără o *Călăuzire* în ceea ce privește modul în care trebuie să trăiască. De la crearea primului om, Allah și-a arătat călăuzirea sa față de omenire prin profeții săi. Profeții care au primit cărți de la Allah sunt numiți mesageri. Toți profeții și mesagerii au venit cu același mesaj; i-au îndemnat pe oamenii din vremea lor să-l asculte și să se închine numai lui Allah, nimănui altcuiva. Ori de câte ori învățăturile unui profet erau distorsionate de către popor, Allah le trimitea un alt profet ca să-i aducă înapoi pe Calea cea Dreaptă. Lanțul *Risalah* a început cu Adam, i-a inclus pe Noe, Avram, Ismael, Isaac, Lot, Iacov, Iosif, Moise, David și Isus și s-a sfârșit cu Mahomed. Mahomed este ultimul profet al lui Allah pentru omenire. Cărțile revelate de către Allah sunt:
Tora (Tawrat), Psalmii (Zabur), Evanghelia (Injil) și Coranul. Coranul, care a fost revelat Profetului Mahomed, este cartea principală de Călăuzire.

c   Akhirah

Akhirah înseamnă viața de după moarte. Credința în *Akhirah* are un impact profund asupra vieții unui musulman. Musulmanii cred că suntem cu toții responsabili înaintea lui Allah în Ziua Judecății, atunci când vom fi judecați după cum ne-am trăit viețile. O persoană care îl ascultă și i se închină lui Allah va fi răsplătită cu un loc al fericirii în Paradis;

persoana care nu face aceste lucruri va fi trimisă în iad, un loc al pedepsei și suferinței. Allah ne cunoaște fiecare gând și cele mai ascunse intenții; îngerii înregistrează toate acțiunile noastre. Dacă ținem minte că vom fi judecați pentru faptele noastre, vom încerca să ne asigurăm că ne purtăm după voia lui Allah. Musulmanii cred că multe din problemele de azi ar dispărea dacă am fi conștienți de acest lucru și ne-am purta ca atare.

5   Îndatoriri religioase de bază din Islam

Islamul are cinci îndatoriri de bază, adesea numite *stâlpii Islamului*. Musulmanii cred că dacă îndeplinesc aceste lucruri regulat, corect și sincer, ele vor transforma viața musulmanului, făcând-o să fie în acord cu dorința Creatorului. Practicarea cu credincioșie a acestor îndatoriri trebuie să-i inspire pe musulmani să se străduiască să aducă dreptatea, egalitatea și neprihănirea în societate și să elimine nedreptatea, minciuna și răul.

a   Shahadah

Shahadah este declarația conștientă și voluntară: *La ilaha illallahu Muhammadur rasulullah* „Nu este alt dumnezeu în afara de Allah, iar Mahomed este Mesagerul lui Allah".

Această declarație conține cele două concepte de bază ale Tawhid-ului și Risalah-ului.

Reprezintă baza pentru toate acțiunile Islamului; celelalte patru îndatoriri de bază merg în urma acestei afirmații.

b   Salah (rugăciune obligatorie)

Salah are loc de cinci ori pe zi, fie împreună cu alții, fie separat. Este o demonstrație practică a credinței și îl păstrează pe musulman în legătură permanentă cu Creatorul său. Conform musulmanilor, beneficiile aduse de *Salah* sunt foarte ample, de lungă durată și nu pot fi măsurate. *Salah* îl pregătește pe musulman să se străduiască să aducă adevărata ordine în societate și să elimine minciuna, răul și indecența. Dez-

VIEȚI ÎMPĂRTĂȘITE   **LECȚIA 3**

voltă autodisciplina, rezistența și ascultarea de Adevăr, ducând la răbdare, onestitate și corectitudine în toate domeniile vieții.

Cele cinci rugăciuni zilnice sunt: *Fajr* între zori și răsărit; *Zuhr* între amiază și mijlocul după-amiezii; *'Asr* între mijlocul după-amiezii și apus; *Maghrib* chiar după apus; *'Isha* între căderea nopții și zori de zi.

Musulmanii cred că de cinci ori pe zi, *Salah* oferă o minunată ocazie de a-ți îmbunătăți viața. Este considerat un sistem de perfecționare spirituală, morală și fizică ce îl face pe musulman să fie cu adevărat ascultător de Creatorul său.

c   Zakah (contribuția la bunăstare)

Zakah este o plată obligatorie din economiile anuale ale unui musulman. Literal înseamnă *purificare* și este o plată anuală de 2.5% din valoarea în bani lichizi, bijuterii și metale prețioase; o rată separată se aplică animalelor, recoltelor și bogățiilor minerale. *Zakah* nu este milostenie și nici taxă: milostenia este opțională, în vreme ce taxele pot fi folosite pentru oricare din nevoile societății. Totuși, *Zakah* poate fi folosită doar pentru ajutorarea celor săraci sau nevoiași, celor cu dizabilități, celor oprimați, celor ce au datorii și în alte scopuri legate de asistența socială, așa cum sunt definite în Coran și în Sunnah. *Zakah* este considerată a fi un act de închinare. Este socotită a fi unul din principiile fundamentale ale economiei islamice, care asigură o societate echitabilă, în care toată lumea are dreptul de a contribui și de a împărți cu alții. *Zakah* trebuie plătită cu credința conștientă că averea și proprietățile noastre îi aparțin lui Allah, iar noi suntem simpli administratori ai acestora.

d   Sawm (postul obligatoriu)

Sawm este postul anual obligatoriu din timpul lunii Ramadan, cea de-a noua lună din calendarul islamic. De la răsăritul soarelui și până la apus, musulmanul se abține de la mâncare, băutură, fumat și sex cu partenerul său, căutând numai să-i placă lui Allah. Conform musulmanilor, *Sawm-ul* dezvoltă standardele morale și spirituale ale credinciosului și-l ține la distanță de egoism, lăcomie, extravaganță și alte vicii. *Sawm-ul* este considerat un program anual de pregătire, care sporește hotărârea musulmanului de a-și împlini obligațiile față de Creatorul și Susținătorul său.

e   Hajj (pelerinajul la Casa lui Allah)

Hajj este un eveniment anual, obligatoriu de îndeplinit cel puțin o dată în viață pentru musulmanii care au mijloacele să facă acest lucru. Este o călătorie la Casa lui Allah (Al-Kabah) de la Mecca, din Arabia Saudită, în luna Dhul Hijjah, cea de-a doisprezecea lună din calendarul islamic. Pentru musulmani, *Hajj* simbolizează unitatea omenirii; Musulmanii din orice rasă și naționalitate se adună în egalitate și smerenie pentru a se închina înaintea lui Dumnezeu.

Conform musulmanilor, pelerinul, purtând îmbrăcămintea rituală de Ihram, are sentimentul unic de a fi în prezența Creatorului, căruia îi aparține și la care trebuie să se reîntoarcă după moarte.

6   Sursele autorității în Islam

Cele mai importante două surse de autoritate care definesc credința și practica religioasă a musulmanilor sunt Coranul și Sunna, în vreme ce diferitele școli ale legii determină la rândul lor credința și practica musulmanilor.

a   Coranul

Coranul este cartea sacră a musulmanilor. Ei cred că este ultima și principala Carte de Călăuzire dată de Dumnezeu (Allah), trimisă lui Mahomed prin îngerul Gabriel (Jibra'il). Conform musulmanilor, fiecare cuvânt din Coran este Cuvântul lui Allah. Revelat pe o perioadă de 23 de ani în limba arabă, conține 114 capitole (Sure) și peste 6000 de versete. Musulmanii învață să îl recite în arabă și mulți dintre ei îl știu pe de rost în întregime. Musulmanii trebuie să își dea toate silințele ca să înțeleagă Coranul și să îi practice învățăturile. Musulmanii cred că Coranul nu are pereche în ceea ce privește înregistrarea și păstrarea datelor. Învățăturile sale acoperă toate aspectele acestei vieți și ale vieții de după moarte. Conține principii, doctrine și instrucțiuni pentru fiecare sferă a activității umane. În mare, tema Coranului constă în trei concepte fundamentale: Tawhid, Risalah și Akhirah. Conform musulmanilor, succesul ființelor umane pe acest pământ și în viața de apoi depinde de credința în și ascultarea de învățăturile Coranului.

b   Sunna

Sunna se referă la calea sau obiceiurile lui Mahomed, însemnând faptele, vorbele și lucrurile aprobate de Mahomed. Acestea sunt incluse în cărțile *Hadith*, care reprezintă colecții ale vorbelor și acțiunilor sale și ale acțiunilor aprobate de el. Arată cum să pui călăuzirea Coranului în practică. Conform musulmanilor, scrierile din Hadith au fost înregistrate cu atenție după moartea lui Mahomed. Șase colecții în special au devenit proeminente și sunt privite ca fiind cele mai autentice: Bukhari, Muslim, Tirmidhi, Abu Dawud, Nasai și Ibn Majah.

În Hadith, regăsim subiecte ca: de câte ori trebuie rostite rugăciunile islamice și caracteristicile lor, ritualurile legate de sărbătorile islamice, cum să faci afaceri într-un mod islamic, probleme legate de moșteniri și testamente; jurăminte și legăminte, comportamentul față de cei apostați etc.

c   Școli ale legii/ale dreptului islamic (Shari'a)

Islamul Sunnit recunoaște patru școli de drept care definesc jurisprudența religioasă. Aceste școli poartă numele fondatorilor lor:
1) școala Hanifi (în principal în Turcia, Balcani, Asia Centrală, India, Pakistan, Bangladeș)
2) școala Maliki (în principal în nordul Africii)
3) școala Shafi'I (în principal în Yemen, Egipt, Siria, Sud Estul Asiei și Estul Africii
4) școala Hanbali (în principal în Arabia Saudită)

Diferențele dintre școli nu constau în lucrurile fundamentale ale credinței Islamice, ci în chestiuni de finețe.

| LECȚIA 3 | VIEȚI ÎMPĂRTĂȘITE | |

Aceste diferențe se bazează pe accentul pus pe:

a) învățătura Coranului
b) Sunna
c) consensul învățaților
d) asemănări cu situații din vremea lui Mahomed
e) bunul simț

Shari'a este un cuvânt arab care se referă la *un drum către un loc cu ape, sau fântână*, care este o metaforă pentru mântuire. Este codul de comportament al Islamului. Sharia are patru surse:

a) preceptele expuse în Coran
b) exemplul dat de Mahomed în Sunna
c) consensul învățaților religioși
d) o anumită opinie bazată pe o analogie (de exemplu o comparație cu ceva asemănător) din Coran și Sunna

Musulmanii au diferite opinii cu privire la ceea ce implică legea islamică. Moderniștii, tradiționaliștii și fundamentaliștii au păreri diferite cu privire la Shari'a, la fel ca și adepții diferitelor școli de gândire și învățătură islamică. Diferite țări și culturi interpretează și ele în mod diferit Shari'a.

Shari'a conține norme religioase și legale. Dezbate multe subiecte pe care le abordează legea seculară, inclusiv infracțiunile, politica și economia, precum și multe chestiuni personale cum ar fi sexualitatea, igiena, dieta, rugăciunea și postul. Faptul că mulți musulmani trăiesc acum în țări care nu sunt islamice pune legea islamică în fața unei noi situații. Între învățații comunității musulmane din Europa au loc discuții cu privire la modul în care se pot armoniza cerințele legii Shari'a cu sistemele legale din Europa.

7 Diferite grupări din interiorul Islamului

Numărul total al musulmanilor în lume este de aproximativ 1,5 miliarde. Putem identifica câteva curente în Islam.

Cele mai importante grupări sunt Sunniții și Șiiții. În jur de 80 la sută dintre toți musulmanii sunt sunniți. Cel de-al doilea grup ca și mărime (cam 15%) este reprezentat de musulmanii șiițți. Șiiții se găsesc în principal în Iran și Irak, dar și în multe alte țări. O distincție importantă între sunniți și șiiți este că musulmanii șiiți îl recunosc pe Ali, ginerele lui Mahomed și pe anumiți urmași de-ai săi, cunoscuți ca imami, ca moștenitori legali ai conducerii religioase și politice din Islam. Mulți și-iți cred în imamul infailibil, o întrupare a dumnezeirii, care posedă cunoștințe supranaturale. Ei așteaptă întoarcerea celui de-al 12-lea imam, care a dispărut în anul 869 după Hristos, ca să instaureze dominația mondială a Islamului.

În cadrul acestor două mari diviziuni, există multe alte secte și grupuri mai mici în interiorul Islamului, cum ar fi Kharijiții, Murjiiții, Mu'taziliții, Ismailiții, Druzii. Unele dintre aceste grupări nu sunt considerate cu adevărat musulmane de către alți musulmani. Alte grupări ce pot fi recunoscute sunt:

A   Comunitatea musulmană Ahmadiyya

Comunitatea Musulmană Ahmadiyya (CMA) este o mișcare internațională de trezire dinamică, cu o creștere rapidă în interiorul Islamului. CMA a fost fondată în 1889, de către Mirza Ghulam Ahmad (1835-1908), care a pretins că a primit revelații divine și care este considerat mult așteptatul Mesia. Ahmad a pretins că reprezintă metaforic cea de-a doua venire a lui Isus din Nazaret și călăuza divină a cărei venire a fost prezisă de Mahomed. Adepții CMA cred că Dumnezeu l-a trimis pe Ahmad, la fel ca pe Isus, pentru a pune capăt războaielor religioase, pentru a condamna vărsarea de sânge și a reinstitui moralitatea, dreptatea și pacea. Conform adepților săi, Ahmad a dezbrăcat Islamul de credințele și practicile sale fanatice luptând cu mult zel pentru învățăturile adevărate și esențiale ale Islamului. Comunitatea Musulmană Ahmadiyya recunoaște învățăturile lui Zoroastru, Avram, Moise, Isus, Krișna, Buddha, Confucius, Lao Tzu și Guru Nanak, și crede că învățăturile lor converg în unicul și adevăratul Islam. CMA, cu sediul în Marea Britanie, pretinde că are zeci de milioane de adepți în întreaga lume.

LECȚIA 3   VIEȚI ÎMPĂRTĂȘITE

B   Baha'ii

Comunitatea Baha'i a fost fondată în 1844, pe teritoriul actual al Iranului, când Ali Muhammad (denumit 'Baha'u'llah') s-a proclamat a fi *Ușa* (Bab.) Mesajul esențial al lui Baha'u'llah a fost cel al unității. El a învățat că există un singur dumnezeu, o singură rasă umană și că toate religiile lumii reprezintă stadii ale revelației voii și scopului lui Dumnezeu pentru omenire. Bahaii cred în unitatea lui Dumnezeu și a omenirii, egalitatea între sexe, armonia între religie și științe și o căutare independentă a adevărului. Nu-l consideră pe Mahomed ultimul și cel mai mare dintre profeți, ci unul dintre mulți profeți. Nu recunosc Coranul ca fiind revelația finală, ci o carte printre multe altele, printre care se numără și scrierile lui Baha'u'llah'. Se estimează că în toată lumea există aproximativ 7 milioane de Bahai. Comunitatea Baha'i este adesea considerată apostată și este persecutată în unele țări islamice.

C   Mișcarea Salafi (Wahhabismul)

Salafi este o mișcare islamică Sunnită care ia ca modele de urmat pe înaintașii pioși (Salaf) de la începuturile Islamului. Cuvântul *Salaf* este un cuvânt arabic ce poate fi tradus ca *predecesor* ori *strămoș*. În terminologia islamică, se folosește de regulă ca referință la primele trei generații de musulmani. Aceste trei generații sunt considerate exemple ale modului în care trebuie practicat Islamul. Termenul Salafism este adesea folosit alternativ cu termenul *Wahhabism*, deoarece Muhammad ibn Abd-al-Wahhab (1703-1787), este considerat fondatorul acestei mișcări, deși mulți adepți afirmă că mișcarea a fost fondată de însuși profetul Mahomed. Mișcarea Salafi se bazează pe o tradiție puritană. Aceștia interpretează Coranul literal și resping tot ceea ce nu se bazează pe sursele originale ale Islamului. Mișcarea Salafi are o puternică influență în Arabia Saudită și încearcă să-și folosească banii pentru a-și răspândi învățăturile și influența în lume.

D   Sufismul

Sufismul este ramura mistică a Islamului. Își are originea la începuturile Islamului. Adepții săi sunt numiți *Sufiști*. Cuvântul *sufi* este adesea considerat un derivat al cuvântului arab *suf* (lână), care se referă la hainele simple pe care le purtau asceții musulmani de la început. O altă sugestie este aceea că *sufi* provine din cuvântul arab *safa* (puritate), și explică de ce Sufismul pune accent pe puritatea inimii și a sufletului. Deși sufiștii cred în Coran și în Sunna, ei pun mai mult accent pe viața interioară, pe unirea mistică cu Dumnezeu, decât pe respectarea exterioară a îndatoririlor religioase. Conform Sufismului, baza pentru religie este dragostea pentru Dumnezeu. Trebuie să-l iubim pe Dumnezeu pentru cine este El, nu pentru un anumit fel de recompense sau de frica pedepsei. Lui Dumnezeu i se spune adesea Iubitul Etern. Mulți Sufiști caută o unire mistică sau o comunicare directă cu Dumnezeu prin dans și muzică, recitarea versetelor din Coran și a poeziilor islamice, prin care caută să atingă o stare de extaz.

E   Alevii

În jur de 15 milioane de musulmani sunt alevi și se găsesc mai ales în Turcia, în vreme ce un număr mai mic se găsește în Siria, Iran și Irak. Este dificil să facem afirmații categorice cu privire la credințele și practicile lor, deoarece există o mare varietate de credințe și practici în rândul celor ce se numesc alevi. Există multe asemănări între alevi și bektașii din Balcani.

Alevii sunt adepți ai lui Ali (ginerele lui Mahomed) pe care îl consideră succesorul lui Mahomed. Mulți alevi cred că Mahomed și Ali sunt unul și același și folosesc numai numele Mahomed Ali pentru acest personaj. Unii spun că Alevismul este un amestec al celor mai bune elemente din Islam, Creștinism, Iudaism, Manicheism, Zoroastrianism, Șamanism și umanismul secolului al XX-lea. Aproape toți alevii vor nega că Dumnezeu îi va răsplăti pe cei care urmează regulile sale pe pământ cu plăceri eterne în cer.

Alevii interpretează Coranul ezoteric, interior sau mistic. Pentru ei, în Coran există adevăruri spirituale mult mai adânci decât regulile stricte care apar la suprafața literală. Pe lângă cărți, probabil că cea mai importantă sursă a credințelor și gândirii alevilor sunt poeziile mistice și baladele muzicale care au fost transmise din generație în generație, multe dintre ele nefiind înregistrate în scris. Aceste poezii și balade fac parte din întâlnirile lor de închinare, în timpul cărora ei caută să intre într-o relație mai adâncă cu liderul spiritual al întâlnirii și cu Dumnezeu. Serviciul constă în principal din rugăciunile spuse de lider, scurtele sale mesaje religioase, cântatul unor balade solo și conducerea congregației în cântare. Un alt element cheie este dansul ritual făcut într-un cerc alcătuit din anumiți bărbați și femei, ce formează un grup de dimensiuni diferite. Serviciul se ține numai în turcă, inclusiv rugăciunile și cântecele.

Alevii nu acceptă ideea unui Dumnezeu dur care judecă omul după cum și-a îndeplinit îndatoririle religioase în timpul vieții sale pe pământ. Alevii tind să nu practice rugăciunea ținută de cinci ori pe zi și nici luna de post din timpul Ramadanului. În schimb, ei țin un post de 12 zile, în timpul primei luni din calendarul musulman. Alevii nu practică pelerinajul la Mecca. Totuși, vizitele și rugăciunile la mormintele sfinților Alevi-Bektași sunt destul de obișnuite. Femeile Alevi se închină împreună cu bărbații și sunt libere să poarte haine moderne.

F   Islamul popular

Deși nu este cu adevărat o ramură din interiorul Islamului, nu putem ignora importanța așa numitului Islam popular. În viața de zi cu zi a multora dintre musulmani, convingerile ortodoxe merg mână în mână cu practici care își au probabil originea în vremuri preislamice. Practicile acestea includ obiceiuri referitoare la naștere, pubertate, nunți și înmormântări etc. Sunt și practici care au legătură cu protecția împotriva ghinionului (musulmanii se referă uneori la așa zisul *ochi rău*). Când o femeie e stearpă, uneori caută ajutorul sau mijlocirea sfinților musulmani care au murit. De asemenea, visele, prezicerile, binecuvântările și blestemele joacă un rol important în viața de zi cu zi a multor musulmani tradiționali.

VIEȚI ÎMPĂRTĂȘITE LECȚIA 3

8 Cultura și obiceiurile islamice

Atunci când vrem să dezvoltăm o bună relație cu musulmanii, este important să știm câteva lucruri referitoare la cultura și obiceiurile islamice. Desigur, nu este posibil să descriem pe scurt cultura și obiceiurile tuturor musulmanilor. Există multe diferențe și este important să aflăm despre contextul cultural și obiceiurile prietenului nostru musulman discutând cu el. Este de ajuns să vorbim aici despre câteva aspecte care sunt caracteristice multor musulmani:

A Calendarul Islamic

Calendarul islamic începe în anul 622 după Hristos. Anul islamic are 12 luni lunare. Anul lunar are cu aproximativ 11 zile mai puțin decât anul solar. Datele exacte când încep sărbătorile (inclusiv luna de post, Ramadanul) pot fi adesea stabilite doar în ultimul moment, deoarece depind de felul în care arată luna. De exemplu, anul 2014 după Hristos este anul 1435-1436 AH (Anno Hijrah, anul în care Mahomed a fugit din Mecca la Medina).

B Sărbătorile islamice

Musulmanii spun că ei țin sărbătorile pentru a-i face pe plac lui Dumnezeu (Allah), nu pentru propria lor plăcere. Acestea sunt totuși ocazii de bucurie și fericire. Cele două sărbători majore din Islam sunt *Id ul Fitr* și *'Id ul Adha*.

'Id ul Fitr cade în prima zi după luna Ramadanului. În această zi, după o lună de post, musulmanii se roagă în congregație, preferabil în aer liber. Își exprimă mulțumirea față de Allah pentru că i-a ajutat să țină postul. Sunt pregătite mâncăruri speciale. Se fac vizite la prieteni și rude și, și se face sărbătoarea specială pentru copii.

'Id ul Adha începe în ziua a zecea a lunii Dhul Hijjah și continuă până în ziua a treisprezecea. Această sărbătoare comemorează disponibilitatea lui Avram, atunci când i s-a cerut să își sacrifice propriul fiu, pe Ismael. Avram și-a arătat disponibilitatea, iar Allah a fost foarte mulțumit. Un berbec a fost sacrificat în locul lui Ismael, la porunca lui Allah.

LECȚIA 3 — VIEȚI ÎMPĂRTĂȘITE

Musulmanii se roagă împreună în acea zi și sacrifică animale, cum ar fi oi, capre, vaci și cămile. Carnea animalului sacrificat este împărțită între rude, vecini și cei săraci.

Alte sărbători includ *Hijrah* (pelerinajul Profetului), *Lailatul Miraj* (Noaptea Înălțării) și date ale bătăliilor islamice. O anumită noapte denumită *Lailatul Qadr* (Noaptea Puterii) este specială, fiind o noapte cu număr impar din ultimele zece zile ale Ramadanului. Coranul spune că este „mai bună decât o mie de luni". Musulmanii petrec noaptea aceasta spunând rugăciuni și recitând Coranul.

C Dieta

Musulmanii sunt încurajați în Coran să mănânce ce este bun și sănătos pentru ei, și li se interzice să mănânce anumite mâncăruri. Unui musulman nu i se permite să mănânce: a) porc; b) animale care nu au fost ucise în numele lui Allah; c) sângele animalelor; d) animale carnivore.

Peștele și legumele le sunt îngăduite. Legea islamică cere ca animalele să fie sacrificate cum se cade, cu un cuțit ascuțit ce străpunge partea interioară a gâtului, pentru a permite o scurgere maximă a sângelui. Numele lui Allah trebuie rostit la momentul sacrificării. Toate băuturile alcoolice sunt interzise.

D Îmbrăcămintea

Musulmanii sunt încurajați să se îmbrace modest și decent. Nu este recomandată o anumită îmbrăcăminte. Cerințele includ

- ca bărbații să se acopere cel puțin de la brâu până la genunchi;
- femeile trebuie să-și acopere întreg trupul cu excepția feței și mâinilor; conform unor anumiți teologi, femeile trecute de vârsta pubertății trebuie să-și acopere fața atunci când ies din casă sau când întâlnesc străini;
- bărbații și femeile nu trebuie să se îmbrace în așa fel încât să stârnească impulsuri sexuale, ex. haine transparente, strânse pe trup sau pe jumătate goale;
- bărbaților nu le este permis să poarte mătase pură sau aur;

VIEȚI ÎMPĂRTĂȘITE   LECȚIA 3

- bărbații nu trebuie să poarte haine de femei și vice-versa;
- hainele cu simboluri împrumutate din alte religii nu sunt permise.
- Sunt încurajate simplitatea și modestia. Îmbrăcămintea care denotă aroganță nu este îngăduită. Stilul de îmbrăcăminte depinde de obiceiurile locale și de climat.

Subiecte de discuție:
1. Există lucruri pe care creștinii le pot învăța de la musulmani? Dacă da, care sunt acelea?
2. Menționați câteva asemănări și deosebiri între musulmani și creștini.

9 Principalele probleme ale musulmanilor cu privire la creștini/credința creștină

Atunci când creștinii încep să relaționeze cu musulmani, descoperă că sunt câteva lucruri care musulmanilor le par greu de înțeles sau de acceptat cu privire la creștini și la credința creștină. Putem rezuma principalele obiecții în trei categorii:

a) credința noastră
b) istoria noastră
c) moralitatea noastră

a   Credința noastră

Musulmanii nu înțeleg concepția noastră cu privire la Trinitate și sunt convinși că noi, creștinii credem în trei dumnezei. După cum am văzut mai înainte, musulmanii pun mare accent pe unicitatea lui Dumnezeu și consideră orice încălcare a acesteia o infracțiune foarte gravă.

Deși musulmanii Îl respectă foarte mult pe Isus și-L recunosc a fi un profet important, nu înțeleg de ce creștinii spun că Isus este *Fiul lui Dumnezeu*. Ei cred că atunci când creștinii spun acest lucru cred că Dumnezeu Tatăl a avut o relație sexuală cu Maria și că Isus s-a născut

LECȚIA 3 VIEȚI ÎMPĂRTĂȘITE

în urma acestei relații. Ideea aceasta îi jignește foarte tare pe musulmani.

Deoarece Dumnezeu este atotputernic, iar Isus este unul din profeții pe care El l-a trimis în lume, musulmanii nu pot înțelege de ce Dumnezeu l-ar lăsa pe Isus să fie tratat într-un mod atât de rușinos și să fie ucis prin răstignire. Coranul spune că Dumnezeu l-a dus pe Isus în cer înainte ca oamenii să-l răstignească și că Dumnezeu a pus pe altcineva să ia înfățișarea lui Isus și să fie apoi răstignit.

Mulți musulmani nu înțeleg cum creștinii cred în infailibilitatea Bibliei în timp ce folosesc o gamă largă de traduceri ale Bibliei și nu pot explica clar unele contradicții aparente din Biblie.

b   _Istoria noastră_

În Evul Mediu, armatele creștine au intrat în Țara Sfântă pentru a o curăța de influențe necreștine. Făcând acest lucru, au ucis mii de oameni (printre care și mulți musulmani). Musulmanii îi consideră uneori pe acești cruciați versiunea creștină a *jihadului* (războiul sfânt).

Din secolul al XVII-lea până în secolul al XX-lea mai multe țări creștine (ex. Spania, Portugalia, Anglia, Franța și Olanda) au fost puteri coloniale care au dominat alte părți ale lumii (unde locuiau mulți musulmani) folosind violența, jaful, minciuna și exploatarea.

Adesea, musulmanii nu înțeleg de ce mulți creștini sprijină necondiționat Israelul, care folosește uneori violența pentru a-și atinge scopurile.

Mulți musulmani cred că lumea occidentală (care este folosită adesea ca sinonim pentru creștinism) se poartă de multe ori de parcă ar fi superioară din punct de vedere cultural, politic și economic restului lumii, și nu e gata să învețe și din bogăția altor culturi și țări.

c   _Moralitatea noastră_

În vreme ce lumea occidentală, în ochii multor musulmani, se poartă ca poliția care încearcă să facă restul lumii să-i respecte legile, occidentul pare să fie orb la decăderea morală care are loc în propria ei

VIEȚI ÎMPĂRTĂȘITE LECȚIA 3

societate, lucru evident în acceptarea homosexualității, legalizarea drogurilor și prostituției, a avortului și eutanasiei, prezența la scară largă a violenței domestice, procentul ridicat al divorțului și răspândirea imoralității prin intermediul filmelor și a turismului.

Subiecte de discuție:

1. Care este prima voastră reacție cu privire la felul în care musulmanii percep Creștinismul și pe creștini?
2. Cum putem răspunde acestor chestiuni?

> **Temă**
>
> Scrieți cel puțin două întrebări pe care ați vrea să le puneți musulmanilor pe care îi veți întâlni la moschee în lecția următoare.

LECȚIA 4 — VIEȚI ÎMPĂRTĂȘITE

LECȚIA PATRU: ÎNTÂLNIREA CU MUSULMANII

Scop: să-i întâlnim pe musulmani și să-i întrebăm lucruri referitoare la credința și practicile lor

Acum că am privit la atitudinea noastră față de Islam și de musulmani și am învățat care sunt câteva aspecte importante ale credinței și vieții musulmanilor, este timpul să ne întâlnim cu musulmanii și să interacționăm cu ei pe marginea credinței lor. Am învățat că una din caracteristicile atitudinii pline de har este să vedem Islamul prin ochii musulmanilor și să ne abținem să-i vedem ca pe o caricatură.

Cea mai bună modalitate de a afla ce cred musulmanii, ce gândesc și ce fac, este să-i întrebăm direct. Din experiența noastră, musulmanii sunt mai mult decât doritori să se întâlnească cu creștinii și să discute cu ei despre credința lor și, de asemenea, să asculte ce cred creștinii. Prin urmare, am dori să folosim lecția patru pentru a face o vizită la o moschee locală și a interacționa cu musulmanii de acolo.

Atunci când facem o vizită la moschee, trebuie să ținem minte următoarele lucruri:

1. Purtați îmbrăcăminte modestă, conservatoare, care expune cât mai puțin trupul (ex. fără pantaloni scurți sau cămăși fără mânecă, atât în cazul femeilor, cât și al bărbaților). Femeile trebuie să poarte o rochie sau bluză și fustă (lungă cel puțin până la genunchi), de preferat cu mâneci până la coate sau mai lungi și să aibă ceva pe cap. Bărbații trebuie să poarte pantaloni lungi și o cămașă cu mânecă. Adesea, femeilor li se cere să-și acopere capul în interiorul moscheii. Puteți să vă aduceți propria eșarfă, sau vi se va da una acolo.

2. De obicei, vi se va cere să vă scoateți pantofii atunci când intrați în moschee.

VIEȚI ÎMPĂRTĂȘITE LECȚIA 4

3. Pregătiți înainte câteva întrebări pe care ați dori să le puneți. Pe DVD-ul care însoțește acest manual veți găsi exemple de întrebări pe care le-ați putea pune.

4. Fiți amabili și respectuoși tot timpul, chiar și atunci când auziți sau vedeți lucruri cu care nu sunteți deloc de acord, sau atunci când cineva încearcă să vă convertească la Islam. Se prea poate ca gazdele dumneavoastră să vă prezinte adevărul într-un mod prea optimist, dar trebuie să recunoașteți că și dumneavoastră ați face același lucru atunci când un grup de musulmani ar vizita biserica dumneavoastră.

5. Atunci când vi se pun întrebări referitoare la credința creștină, încercați să răspundeți cât mai personal posibil. De exemplu, în loc să spuneți „Creștinismul crede că rugăciunea este foarte importantă", puteți explica cum vă rugați dumneavoastră personal zilnic.

6. Scopul acestei vizite nu este să le convertiți pe gazdele dumneavoastră musulmane, ci să învățați de la ele. Dar, atunci când aveți ocazia de a vorbi cu respect despre credința dumneavoastră în Domnul Isus Hristos, faceți acest lucru!

Temă după vizitarea moscheii

1. Ce anume ați învățat cel mai mult din vizita la moschee?
2. Citiți Fapte 10 și gândiți-vă la relația dintre Corneliu și Petru. Comparați-l pe Corneliu cu musulmanii pe care i-ați întâlnit:
    a. Credeți că Dumnezeu aude rugăciunile acestor musulmani? Ce credeți că se întâmplă atunci când ei se roagă?
    b. Petru a învățat o lecție importantă de la Corneliu. Ce ați învățat de la musulmanii pe care i-ați întâlnit?
    c. Ce vă place cel mai mult la credința musulmanilor?
    d. Corneliu a avut nevoie doar de o singură viziune pentru a acționa. Petru a avut nevoie de trei. Ați văzut alte exemple în care creștinii sunt mai puțin receptivi față de ceea ce vrea să le spună Dumnezeu decât oamenii din afara bisericii?

LECȚIA 5 · VIEȚI ÎMPĂRTĂȘITE

LECȚIA CINCI:
SĂ CONSTRUIM RELAȚII CARE DUREAZĂ

Scop: să învățăm să fim mărturisitori care dezvoltă relații și care își împărtășesc viața cu musulmanii

> Discutați despre vizita la moschee și despre tema realizată după aceea.

Acum că am discutat despre atitudinea noastră față de musulmani și față de Islam și că am învățat mai multe despre credința și viața musulmanilor și, de asemenea, am avut oportunitatea de a ne întâlni cu musulmani, a venit vremea să ne uităm la cum să ne împărtășim viața cu musulmanii și, în acest context, cum să vorbim cu ei despre credința noastră în Isus Hristos. Acesta este subiectul lecției numărul cinci, ultima a acestui curs.

A   Întruparea lui Isus: un model pentru noi

În Ioan 1:14 citim astfel: „Cuvântul S-a făcut trup și a locuit printre noi". Acest verset se referă la întruparea lui Isus, care este prin excelență modelul lucrării creștinilor în lume. Noi trebuie să urmăm exemplul Domnului Isus. El a luat identitatea unui slujitor și a devenit membru al unei comunități (Filipeni 2:5-8). Apostolul Pavel ne arată în 1 Cor. 9:19-23 că el a fost gata să devină un rob al tuturora, pentru a câștiga cât mai mulți.

Într-un comentariu asupra lucrării sale din Tesalonic, el scrie:

> „Astfel, în dragostea noastră fierbinte pentru voi, eram gata să vă dăm nu numai Evanghelia lui Dumnezeu, dar chiar și viața noastră, atât de scumpi ne ajunseserăți." (1 Tesaloniceni 2:8)

Acest verset reflectă modul în care apostolul Pavel lucra în orașul Tesalonic. El și echipa lui aveau o dragoste reală pentru oamenii cărora le împărtășeau Evanghelia. Nu duceau doar un mesaj, ci se dădeau pe ei înșiși.

| VIEȚI ÎMPĂRTĂȘITE | LECȚIA 5 |

„Adevăratul misionar nu e cineva specializat în comunicarea mesajului, ci o persoană a cărei întreagă ființă, total dedicată unui mesaj care cere totul, este comunicată ascultătorilor săi."[16]

În această epistolă, Pavel menționează de nouă ori *știți*, referindu-se la faptul că oamenii din Tesalonic îi observaseră îndeaproape viața.

Trebuie să integrăm proclamarea cu întruparea. Un concept important din Biblie este acela al *Împărăției lui Dumnezeu*. Planul lui Dumnezeu de răscumpărare înseamnă că Dumnezeu se va slăvi pe Sine unind toate lucrurile în Hristos. Acest lucru nu înseamnă numai împăcarea oamenilor cu Dumnezeu, ci și reconcilierea „tuturor lucrurilor din cer și de pe pământ" (Efeseni 1:10). Această reconciliere este împlinită în final prin viitoarea *Împărăție a lui Dumnezeu*, dar putem întrezări în prezent frânturi ale acestei viitoare Împărății. Biserica nu există doar pentru a proclama Evanghelia Împărăției (Matei 24:14), ci și pentru a arăta viața Împărăției (Matei 5-7) și a face lucrarea Împărăției.

Atunci când aplicăm cele de mai sus relațiilor noastre cu musulmanii, putem învăța 5 lucruri:

a   Evanghelizarea este în primul rând un stil de viață, nu o activitate; nu este ceea ce facem, ci mai întâi ceea ce suntem.

b   Proclamarea și împărtășirea verbală a Evangheliei trebuie să fie integrată în viața cotidiană și trebuie să fie legată de rezolvarea nevoilor sociale, care sunt rezultatul unei relații rupte cu Dumnezeu.

c   Viața credinciosului trebuie să fie în concordanță cu conținutul mesajului Evangheliei.

d   Pentru ca musulmanii să-L înțeleagă corect pe Isus și credința biblică, trebuie să vadă o expresie a acesteia în viețile oamenilor pe care-i știu și în care au încredere.

---

[16] Ernest Best, Black's New Testament Commentaries, ed., Un comentariu al Epistolelor Întâi și Doi Tesaloniceni (Peabody, Massachusetts: Hendrickson Publishers, 1993), 102, 103.

LECȚIA 5 VIEȚI ÎMPĂRTĂȘITE

e   Pentru ca să poată întrupa corect adevărul Evangheliei în viețile musulmanilor, creștinii trebuie să-i înțeleagă corect pe aceștia în contextul unei relații de dragoste și încredere.

Ceea ce înseamnă că trebuie să existe o apropiere între creștini și musulmani.

> **Subiecte de discuție:**
> a   Cum ar fi dacă fiecare musulman din țara dumneavoastră ar avea cel puțin un prieten creștin?
> b   Ce înseamnă să fii un mărturisitor care dezvoltă relații sau care Îl reprezintă pe Hristos?

„Ceea ce ne face diferiți nu este doar ceea ce credem, ci și modul în care credințele noastre ne motivează și ne afectează comportamentul. Ceea ce ne face diferiți este modul în care credința noastră transformă felul în care trăim.... Dacă nu ... învățăm să demonstrăm acea relație dinamică și transformatoare dintre crezul nostru și comportamentul nostru, nu ne aflăm într-o poziție mai bună decât celelalte credințe."[17]

Deși teologia credinței creștine este diferită de teologia Islamului, majoritatea musulmanilor vor realiza că este diferită doar atunci când aceasta va influența modul nostru de viață.

Am văzut mai la începutul acestui curs că teologia lui Iona nu i-a afectat comportamentul. Poate că era în stare să poarte o discuție cu privire la ce înseamnă har și iertare cu oamenii din Ninive, dar nu a vrut să le arate acest har prin viața lui.

Discuțiile purtate pe marginea crezurilor noastre îi conving foarte rar pe oameni de adevărul lor, însă ceea ce face diferența este să le vadă puse în practică.

---

[17] Richard Sudworth, *Distinctly Welcoming,* (NSW Australia: Scripture Union Australia, 2007),48.

În cea mai mare parte Isus nu s-a certat cu liderii din vremea Sa cu privire la validitatea Împărăţiei lui Dumnezeu; El a demonstrat împărăţia lui Dumnezeu şi a explicat cum s-o înţelegem şi s-o trăim. Noi trebuie să facem la fel.

Un *mărturisitor care-L reprezintă pe Hristos* sau un mărturisitor *relaţional* face aşa-zisa *evanghelizare prin prietenie*. Este o abordare relaţională sau personală: funcţionează în principal unu la unu (sau cu o familie), nu cu un grup întreg, ci clădind o relaţie. Împărtăşirea Evangheliei cu musulmanii trebuie încorporată în mod ideal într-o relaţie de dragoste, încredere şi respect. E nevoie de timp pentru a dezvolta o asemenea relaţie şi pentru a merge dincolo de o singură discuţie purtată cu un străin, cu privire la credinţa creştină şi la islam. Printre altele, înseamnă să facem lucruri împreună, să petrecem timp împreună, să dezvoltăm interes faţă de viaţa celuilalt, să fim părtaşi ai bucuriilor şi durerilor celuilalt, să devenim buni prieteni în adevăratul sens al cuvântului. Înseamnă să dăruieşti şi să-ţi împărtăşeşti întreaga ta viaţă, nu numai Evanghelia.

Grija şi preocuparea noastră sinceră ne vor oferi o grămadă de oportunităţi de a vorbi despre adevărurile biblice. Nu într-un mod abstract, lipsit de o legătură relaţională, ci ca o parte a vieţii noastre zilnice. În situaţii naturale, din viaţa de zi cu zi, vă veţi trăi credinţa înaintea prietenilor voştri musulmani, atât prin cuvânt, cât şi prin faptă. Veţi avea parte de conversaţii în care veţi putea exprima adevăruri creştine şi vă veţi putea ruga împreună cu prietenul dumneavoastră. De asemenea, ei vă vor vedea practicându-vă credinţa (ex. postul, sărbătorirea Crăciunului, modul în care rezolvaţi conflictele, cum vă administraţi banii, modul în care vă raportaţi la familia dumneavoastră etc.).

Prietenii noştri musulmani vor vedea în viaţa noastră de zi cu zi lucrarea salvatoare, plină de putere a lui Isus. Majoritatea musulmanilor ajung să aprecieze cu adevărat Evanghelia şi să-L dorească pe Domnul nostru văzând credinţa creştină trăită în luptele zilnice ale creştinilor adevăraţi, care lucrează în comunitate alături de ei şi o fac din inimă, cu smerenie şi cu credincioşie.

LECȚIA 5　　　　　　　　　VIEȚI ÎMPĂRTĂȘITE　

Câteodată pot apărea confruntări pe măsură ce sunt puse întrebări, dar, ca și prieteni, știm cum să nu fim de acord într-o manieră adecvată. A fi un mărturisitor care-L reprezintă pe Hristos poate costa și poate fi dureros, după cum putem vedea și în viața plină de durere și chiar moartea lui Isus.

Nu se poate programa de câte ori veți putea vesti Evanghelia, dar, desigur, fiindcă ne pasă de oamenii care nu au auzit de Hristos, vă veți ruga ca Dumnezeu să vă ajute să vedeți când trebuie să vorbiți, când trebuie să ascultați și cum să fiți sensibili la nevoile și credințele prietenului musulman. De asemenea, veți învăța să vă deschideți mai mult cu privire la credința voastră și veți deveni mai expliciți în a arăta modul în care Dumnezeu este implicat în alegerile pe care le faceți, în răspunsurile pe care le dați etc.

În Biblie, citim despre Andrei că îl aduce pe fratele său Petru ca să-L întâlnească pe Isus, iar Filip îl aduce pe prietenul său Natanael la Isus. Evanghelizarea este uneori descrisă ca fiind modul prin care îi aducem pe prietenii noștri să-L întâlnească pe cel mai bun Prieten al nostru: Isus. Deoarece suntem mărturisitori care leagă relații, vrem ca prietenii noștri musulmani să se întâlnească cu Isus, cel mai bun Prieten al nostru, astfel încât El să devină Domnul lor și totodată Prietenul lor.

Subiecte de discuție:

1　„Discuțiile purtate pe marginea crezurilor noastre îi conving foarte rar pe oameni de adevărul lor, însă ceea ce face diferența este să le vadă puse în practică."
　Explicați de ce sunteți sau nu sunteți de acord cu această afirmație.

2　În 1 Corinteni 9:19-23 Pavel explică că s-a făcut rob tuturora pentru a câștiga pe cât mai mulți. Cum putem aplica acest principiu în relațiile noastre cu musulmanii?

VIEȚI ÎMPĂRTĂȘITE   LECȚIA 5

B Moduri practice prin care ne putem conecta cu musulmanii într-un mod natural

În vremea Domnului Isus, deși evreii și samaritenii locuiau în aceeași țară, citim că „Iudeii, în adevăr, n-au legături cu samaritenii." (Ioan 4:9). Putem spune același lucru despre creștinii și musulmanii din țara noastră, din orașul nostru sau de pe strada noastră. Poate că acest curs v-a încurajat să începeți să vă împărtășiți viața cu musulmanii. Dar atunci s-ar putea să vă întrebați: cum și de unde încep?

Prin urmare, am dori să vă dăm câteva sugestii practice cu privire la cum puteți începe să construiți relații cu musulmanii:

1. Oferiți-vă ca voluntar în comunitatea locală, la centrul de refugiați, sau de emigranți.
2. Luați legătura cu moscheea locală sau cu centrul islamic pentru a vă întâlni cu ei și a-i putea cunoaște; întrebați-i dacă puteți face ceva pentru ei sau dacă există activități în care dumneavoastră sau biserica dumneavoastră puteți lucra împreună cu ei. De asemenea, îi puteți invita la o întâlnire a bisericii dumeavoastră.
3. Împreună cu vecinii musulmani, organizați o seară distractivă cu mâncare, îmbrăcăminte și muzică din diferite culturi pentru a putea cunoaște mai bine cultura celorlalți.
4. Întrebați-i pe musulmanii din cartierul dumneavoastră dacă au motive specifice de rugăciune și începeți să vă rugați pentru ei.
5. Învățați saluturile și expresiile de bază (ex. din arabă, turcă sau orice altă limbă pe care o vorbesc musulmanii din orașul vostru) și începeți să-i salutați pe stradă.
6. De Paște și de Crăciun, pregătiți cadouri speciale pe care să le dați musulmanilor din cartierul vostru pentru a sărbători acest eveniment împreună cu ei.
7. Folosiți serviciile pe care le oferă ei (ex. faceți cumpărăturile într-o brutărie marocană sau un magazin turcesc, sau mergeți să vă tundeți la un coafor musulman) și începeți să vorbiți cu oamenii de acolo.

8   Aflați ce nevoi sociale specifice există în rândul musulmanilor din cartierul vostru și începeți să oferiți cursuri pentru a întâmpina aceste nevoi (ex. lecții de limbă, activități sportive, pregătirea temelor, lecții de cusut sau computer etc.).

9   Participați la activitățile adresate emigranților musulmani din orașul vostru.

10 Așezați-vă lângă ei în autobuz sau metrou și începeți să vorbiți cu ei.

11 Căutați modalități de colaborare cu ei în cadrul proiectelor comunitare.

12 Căutați modalități de a-i ajuta pe vecinii voștri musulmani într-un fel practic.

13 Vizitați site-uri și rețele de socializare islamice pe internet și discutați cu ei.

14 Alăturați-vă lor când ies la plimbare în parcul local.

Aceasta nu este în nici un caz o listă completă, sunt doar câteva exemple care pot fi completate cu multe altele. Ideea principală este să găsim moduri de a relaționa într-un mod natural cu musulmanii din orașul nostru, de pe strada noastră, din blocul nostru etc.

C   Lucruri de făcut și de evitat în relațiile cu musulmanii

După cum am spus mai devreme, mărturia creștină cea mai eficientă ia naștere natural, din situații în care creștinii și musulmanii se întâlnesc. E imposibil să învățăm înainte ce avem de făcut și de spus, cum să răspundem și cum să ne purtăm în fiecare situație care apare. Totuși, putem să oferim câteva principii generale:

i   Fiți conștienți de diferențele dintre sexe (ex. Pentru un bărbat poate fi nepotrivit să dea mâna cu o femeie sau să facă o vizită când numai femeia este acasă).

ii   Folosiți Biblia cu respect (nu o subliniați, nu puneți stickere pe foi, nu o puneți pe podea).

iii Nu oferiți niciodată prietenilor voștri musulmani carne de porc sau alcool. Musulmanii care sunt stricți vor mânca doar carne

VIEȚI ÎMPĂRTĂȘITE   LECȚIA 5

care este halal, adică a fost sacrificată de către un musulman, urmând ritualul adecvat și folosind numele lui Allah.

iv Rugați-vă regulat pentru prietenii voștri musulmani. Dacă doriți, puteți să le cereți motive specifice de rugăciune.

v Fiți gata să vorbiți despre orice (nu doar despre subiecte religioase) și vorbiți deschis despre credința voastră; faceți legătura dintre credința voastră și viața de zi cu zi.

vi Nu atacați islamul, practicile islamice, pe Mahomed. Aveți grijă să nu criticați Islamul. Isus ne învață să nu ne uităm la paiul din ochiul celorlalți, în timp ce ignorăm bârna din ochiul nostru (Matei 7:1-5). Nu veți deveni albi pictându-i pe alții în negru.

vii Nu vă luați la ceartă (gândiți-vă la avertismentul lui Pavel din 2 Tim. 2:23, 24 cu privire la întrebările nebune și nefolositoare).

viii Când nu sunteți de acord, nu forțați nota, lăsați ușa deschisă pentru o viitoare vizită/oportunitate/conversație;

ix Faceți tot ce puteți pentru a clarifica înțelegerile greșite referitoare la credința creștină și fiți gata să recunoașteți greșelile și crimele creștinilor din trecut și din prezent;

x Folosiți istorisiri, exemple și mărturia personală (nu numai cum ați venit la credință, ci și cum Domnul v-a răspuns la rugăciuni, v-a dat un verset care v-a mângâiat, sau v-a călăuzit de curând etc.) pentru a explica adevărul biblic. E mai bine să spui: „Cred că...", sau „Sunt convins că...", sau „Cred că Biblia ne învață că...", în locul afirmațiilor mai generale: „Biblia învață că...", sau „Creștinismul susține că...".

xi Puneți în practică ceea ce spuneți. Partea cea mai grea și mai semnificativă din evanghelizare este să fii un exemplu și o ilustrație a mesajului verbal pe care-l comunici.

xii Fiți voi înșivă. Este cel mai ușor lucru de făcut pe o perioadă îndelungată de timp.

LECȚIA 5   VIEȚI ÎMPĂRTĂȘITE

D   Un model de întâlnire

„După trei zile, L-au găsit în Templu, <u>șezând în mijlocul</u> învățătorilor, <u>ascultându-i</u> și <u>punându-le întrebări</u>. Toți care-L auzeau, rămâneau uimiți de <u>priceperea</u> și <u>răspunsurile</u> Lui." (Luca 2:46, 47)

În relații, suntem chemați să fim ca și Hristos. Versetele de mai sus sunt luate din relatarea lui Luca cu privire la Isus, cand avea vârsta de 12 ani în templu. Colin Chapman vede în acest episod un bun model al întâlnirii reale cu musulmanii și scoate în evidență următoarele cinci detalii:[18]

Să stăm în mijlocul lor.
Isus a stat în mijlocul învățătorilor. Cum pot sta creștinii în mijlocul musulmanilor? Vizitându-i în casele lor, socializând, petrecând timp cu ei, vizitând o moschee, un centru islamic de tineret sau un grup de studenți musulmani etc. Trebuie să căutăm moduri naturale de relaționare. Cât de multe știm despre comunitatea de care aparțin sau despre istoria și cultura lor? Știm ce înseamnă să fii în pielea lor? Sunt conștient de cum reacționează ei față de mine ca persoană?

Să ascultăm.
Isus îi asculta pe învățători. Cum pot învăța creștinii să-i asculte pe musulmani? Având o dorință sinceră de a afla ce cred aceștia. Acordând o atenție sporită modului în care ei își exprimă credința, în loc să fim atenți la ce se spune despre ei în mass-media. Înseamnă să învățăm despre lumea lor, contextul lor, să ne punem în locul lor și să vedem lumea prin ochii lor. Înseamnă să învățăm să ascultăm cu inimile noastre, nu numai cu urechile. Biblia spune clar că „omul care ascultă bine, va vorbi totdeauna cu izbândă." (Proverbe 21:28).

Să punem întrebări.
Isus a pus întrebări. După ce am făcut primii doi pași, ne aflăm într-o poziție mult mai bună să punem întrebări bune, fără ca musulmanii să considere aceste întrebări o amenințare. Am putea începe cu întrebări

---

[18] Colin Chapman, *Cross and Crescent: responding to the Challenge of Islam* (Downers Grove, Il., USA: IVP Books, 2007), 24,25.

VIEȚI ÎMPĂRTĂȘITE   LECȚIA 5

de bază, dar putem testa terenul punându-le cu tact întrebări referioare la credințele și afirmațiile lor. Nu punem întrebări pentru a-i stânjeni pe prietenii noștri musulmani, ci pentru a intra cu adevărat într-o conversație.

Să înțelegem.

Învățătorii au văzut că Isus îi înțelege. Răspunsurile lor la întrebările noastre ne vor ajuta să înțelegem mai bine ce înseamnă Islamul în viața prietenului nostru musulman, nu citind despre el în cărți. De asemenea, înțelegerea ne permite să discernem care sunt chestiunile cele mai importante pentru a nu ne pierde în discuții inutile.

Să dăm răspunsuri.

Isus a răspuns întrebărilor învățătorilor. Atunci când musulmanii văd că îi înțelegem cu adevărat, s-ar putea să înceapă să pună întrebări cu privire la credința noastră. Odată ce am ajuns la stadiul în care suntem capabili să oferim răspunsuri, vom putea să răspundem și întrebărilor oneste din mințile musulmanilor, nu doar întrebărilor pe care noi credem că ei ar trebui să ni le pună. De asemenea, în acest moment, ne-am câștigat dreptul de a vorbi.

> **Temă:**
> Cereți-I Domnului să vă pună în legătură cu cel puțin un musulman cu care să puteți începe să construiți o relație semnificativă, pentru a putea fi un mărturisitor al Său în viața acestuia.

Concluzie

Cursul „Vieți împărtășite" a ajuns la final. Pentru mai multe întrebări, informații suplimentare și pentru pașii următori pe care-i puteți face, puteți lua legătura cu biroul OM: info@sharinglives.eu

Pentru cărți, DVDuri și adrese cu informații suplimentare, accesați pagina de internet: www.sharinglives.eu și citiți anexa de mai jos.

ANEXĂ

Câteva surse pentru cei care vor să afle mai multe[19]

Există un număr tot mai mare de cărți bune și DVD-uri care vă pot ajuta să-i înțelegeți mai bine pe prietenii voștri musulmani și să vă împărtășiți viața și în acest context credința cu ei. Găsiți câteva exemple mai jos:

În interiorul Islamului (DVD)

„În interiorul Islamului" este un documentar din anul 2002 care oferă o bună introducere în Islam. Printre subiecte regăsim legăturile dintre Islam, Iudaism și Creștinism, viața lui Mahomed, cei Cinci Stâlpi ai Islamului (declarația de credință, rugăciunea, caritatea, postul din timpul Ramadanului și pelerinajul la Mecca), istoria Islamului, femeile în Islam, colonialismul european, Islamismul, Națiunea Islamică și jihadul.

Crucea și Semiluna: un răspuns la provocarea Islamului
Colin Chapman

Pe măsură ce ne provoacă să ne examinăm propriile atitudini, Colin Chapman abordează chestiunile care iau naștere din contactul creștinilor cu musulmanii și Islamul. În final, explorează modul în care creștinii pot fi mărturisitori eficienți ai lui Isus. Această carte include materiale referitoare la *Terorismul Islamic, Ce este Islamul?, Perspectiva Coranului cu privire la creștini* și *Explicarea credințelor creștine cu privire la Isus*. Cartea îi va echipa pe creștini să înțeleagă mai bine Islamul și pe musulmani, într-o lume care se schimbă rapid.

---

[19] Faptul că recomandăm aceste materiale nu înseamnă că suntem de acord cu întreg conținutul acestora.

Har pentru musulmani? Călătoria de la frică la credinţă
Steve Bell

„De ce trebuie ca o religie în esenţă *benignă* să-i transforme pe unii în *demoni*?" a întrebat un jurnalist musulman. Este o întrebare care zace chiar în inima dezbaterilor cu privire la Islam. Se fac adesea afirmaţii alarmante cu privire la aceşti *demoni*, în vreme ce posibilitatea unui Islam pacifist este respinsă fără drept de apel. Mulţi oameni sunt confuzi din pricina faţetelor contradictorii ale religiei. Este posibil pentru creştini să se relaţioneze la musulmani fără să fie naivi din punct de vedere politic, sau liberali din punct de vedere teologic? Steve crede că da. El vorbeşte despre propria sa călătorie şi meditează asupra modului în care a ajuns la ingredientul crucial: harul.

Întâlnire cu lumea Islamului
Keith Swartley (editor)

„Întâlnire cu lumea Islamului" este un manual de studiu care include articolele a optzeci de autori care au locuit în lumea musulmană. Cartea ne poartă într-o călătorie în vieţile musulmanilor din întreaga lume şi din vecinătatea noastră. Prin intermediul acestei largi colecţii, veţi învăţa despre Mahomed şi istoria Islamului, veţi căpăta o înţelegere cu privire la conflictele de azi şi veţi da la o parte temerile şi miturile occidentale. De asemenea, veţi descoperi frustrările şi dorinţele musulmanilor şi veţi învăţa cum să vă rugaţi pentru ei şi să deveniţi prietenii lor. *Întâlnire cu lumea Islamului* oferă o perspectivă pozitivă, echilibrată şi biblică a inimii lui Dumnezeu pentru musulmani şi vă echipează să mergeţi la ei cu dragostea lui Hristos.

Semiluna prin ochii crucii
Nabeel T. Jabbour

În această carte, autorul, un arab creştin, doreşte să-i ajute pe cititori să îi înţeleagă şi să aibă compasiune pentru musulmani. Autorul scrie o ficţiune despre Ahmad, unul din prietenii săi musulmani. De asemenea, *auzim* despre tatăl şi sora lui Ahmad, care sunt în Egipt. Prin *gura*

ANEXĂ | VIEȚI ÎMPĂRTĂȘITE

lui Ahmad și a rudelor sale, autorul discută câteva aspecte ale perspectivei musulmane asupra lumii, pe care creștinii care vor să spună Vestea cea Bună trebuie să o cunoască. Regăsim teme ca: relația dintre Isus Hristos, Mahomed, Coran și Biblie, rolul Israelului, diferențele culturale, rolul femeilor, istoria *creștină* occidentală a cruciadelor și colonialismului, contextualizarea mesajului nostru, integrarea credincioșilor cu trecut musulman în Biserică.

A face pace cu Islamul
Christine A. Mallouhi

Cum pot aborda creștinii cărora le pasă Islamul? În vreme ce relațiile dintre Islam și Occident devin din ce în ce mai polarizate, multor creștini le este frică să aibă relații cu musulmanii. Cum putem trece peste ani, ba chiar secole de neîncredere? Christine Mallouhi, care s-a căsătorit și a intrat într-o familie musulmană și a trăit o mare parte din viață în Orientul Mijlociu, sugerează că trebuie să luăm exemplul Sf. Francisc, care, în timpul cruciadelor, a mers la musulmani și chiar a împărtășit Evanghelia Sultanului.

Chemarea ce are un preț
Emir Fethi Caner și H. Edward Pruitt

20 de povestiri din zilele noastre despre musulmani din diferite părți ale lumii, care L-au găsit pe Isus.

Fiicele Islamului – Cum să construim punți de legătură cu femeile musulmane
M. Adeney

În cartea *Fiicele Islamului*, Miriam Adeney ne prezintă femei ca Ladan, Khadija și Fatma. Veți afla despre viețile lor, întrebările și speranțele lor. Veți învăța că sunt pe cât de reprezentative pe atât de unice printre surorile lor arabe, iraniene, sud asiatice și africane. Și veți descoperi ce le-a atras la Hristos. Pe măsură ce pătrundeți în viețile lui Ladan, Khadija și Fatma, veți înțelege cum vă puteți relaționa la alte femei provenite dintr-un context musulman și cum să le spuneți despre Hristos.

Lumea Islamului (CD)

Lumea Islamului CD-ROM conține 39 de cărți și numeroase articole despre Islam și mărturia creștină, inclusiv un dicționar al Islamului de 750 de pagini, articole referitoare la contextualizare și la rădăcinile Islamului fundamentalist și militant. Zece hărți recent actualizate descriu situația curentă din lumea musulmană. În plus ... mai mult de 100 de poze ale lumii islamice ce pot fi tipărite, opt cursuri complete despre Islam făcute de experți recunoscuți, textul complet al Coranului cu opțiuni de căutare, o bibliografie cu explicații, trimiteri la pagini de internet referitoare la Islam și multe altele ... în jur de 12 000 de pagini de resurse!

Mai mult decât vise (DVD)

Fiind un documentar dramatic, acest DVD conține cinci povestiri adevărate din viața unor foști musulmani care Îl cunosc acum pe Isus ca Mântuitor al lor. Poveștile au fost alese din Egipt, Iran, Turcia, Nigeria și Indonezia. *Mai mult decât vise* a recreat fiecare din aceste povestiri, producând-o pe fiecare din ele în limba sa originală. Filmele includ un segment unde se explică ce înseamnă să-L urmezi pe Hristos și să-i conduci pe cei care vizionează filmul în rugăciunea de mântuire.

Bert de Ruiter (ed.)

Engaging with Muslims in Europe

In Europe one finds Christian communities and Muslim communities living in close proximity to each other. Muslims and Christians pass each other in the streets, stand next to each other waiting for the bus or metro, live next to one another in streets, share apartment buildings with each other, study in the same universities, have their lunches in the same business canteens, shop in the same shopping centres. Nevertheless, they are essentially strangers to each other. Only a small minority of Churches and Christians in Europe are engaged with Muslims through meaningful and loving relationships which provide opportunities to witness to them about the truth of God.

The European Ministry to Muslims Network of the European Leadership Forum seeks to equip the Church in Europe to relate to Muslims with a compassionate heart, an informed mind, an involved hand and a witnessing tongue. In this book members of the network and others write about their engagement with Muslims in Europe.

Pb. • pp. 112 • £ 7.00 • € 8.00
ISBN 978-3-95776-025-8

VTR Publications • Gogolstr. 33 • 90475 Nürnberg • Germany
info@vtr-online.com • http://www.vtr-online.com

Bert de Ruiter

Sharing Lives
Overcoming Our Fear of Islam

This book argues that the single greatest hindrance to Christian witness amongst Muslims in Europe is fear.

Many European Christians fear that Europe will gradually turn into Eurabia, or Islamic domination of Europe, and they ignore the efforts of Muslims to adapt to the European context, a situation pointing to a future scenario of Euro-Islam, or Islam being Europeanized. The author argues that instead of an attitude of fear, which leads to exclusion, Christians should develop an attitude of grace, which leads to embrace.

After analyzing books and courses developed to help Christians relate to Muslims, he concludes that these mostly concentrate on providing information and skills, instead of dealing with one's attitude. Because of this the author developed a short course to help Christians overcome their fear of Islam and Muslims and to encourage Christians to share their lives with Muslims and to share the truth of the Gospel.

Pb. • pp. XIII + 209 • £ 13.95 • € 14.90
ISBN 978-3-941750-22-7

VTR Publications • Gogolstr. 33 • 90475 Nürnberg • Germany
info@vtr-online.com • http://www.vtr-online.com

www.ingramcontent.com/pod-product-compliance
Lightning Source LLC
Chambersburg PA
CBHW071740040426
42446CB00012B/2408